KB205293

겨울 그리고 봄

An Interpretation to 1 Corinthians 13

Copyright ⓒ 2013 Byoung Soo Cho, Prof. Dr. theol.
Published by Hapdong Theological Seminary Press
50, Gwanggyojungang-Ro, Youngtong-Gu,
Suwon, Kyeonggi-Do, Korea 16517
Telephone | +82-31-217-0629
Fax | +82-31-212-6204
homepage |www.hapdong.ac.kr
e-mail | press@hapdong.ac.kr

Printed in Korea

겨울 그리고 봄

초판 1쇄 발행 | 2013년 11월 25일
초판 2쇄 발행 | 2022년 2월 28일

지은이 | 조병수
발행인 | 김학유
펴낸곳 | 합동신학대학원출판부
주 소 | 16517 수원시 영통구 광교중앙로 50 (원천동)
전 화 | (031)217-0629
팩 스 | (031)212-6204
홈페이지 | www.hapdong.ac.kr
출판등록번호 | 제 22-1-1호
인쇄처 | 예원프린팅
총 판 | (주)기독교출판유통(031)906-9191
값 8,000원

ISBN 978-89-97244-14-0 93230
*잘못된 책은 교환해 드립니다

「이 도서의 국립중앙도서관 출판시도서목록(CIP)은 e-CIP홈페이지
(http://www.nl.go.kr/ecip)와 국가자료공동목록시스템(http://www.
nl.go.kr/kolisnet)에서 이용하실 수 있습니다.
(CIP제어번호: CIP2013024232)」

겨울 그리고 봄

고린도전서 13장 해설

Winter and Spring

합신대학원출판부

이 책을 사랑하는 나의 아내에게 드린다.

차례

인간은 그 자체가 한계이다. 크면 큰 대로 작으면 작은 대로, 좋으면 좋은 대로 나쁘면 나쁜 대로 인간은 늘 한계에 부딪힌다. 인간은 항상 한계상황에 놓인다. 이것은 모험을 시도하는 특이한 사람에게만 해당되는 말이 아니라 일상을 반복하는 평범한 사람에게도 해당하는 말이다. 인간은 단순한 상황에 놓여있는 것이 아니라 한계적 상황에 놓여있는 것이다. 그래서 인간의 상황은 언제나 그 자체가 한계이다. 한계에 다다른 인간은 절망한다.

사도 바울이라고 해서 예외는 아니었다. 사도 바울은 에베소에 머물면서 고린도 여행을 계획하던 그 해 겨울에 절망적인 한계상황에 봉착하였다. 자신이 당하는 고난은 차치하고 고린도 교회의 다양한 문제로 말미암아 사도 바울은 겨우내 속이 시꺼멓게 타 들어가는 극심한 고통을 맛보게 되었던 것이다. 사도 바울에게 그 겨울은 절망적인 한계상황이었다.

하지만 사도 바울은 한계상황을 극복하는 법을 알고 있었다. 그것은 사랑이다. 사랑은 인간을 절망적인 한계상황으로부터 소망적인 여유상황으로 바꾸어놓는다. 그런데 사도 바울이 알고 있는 사랑은 인간의 사랑이 아니라 하나님의 사랑이었다.

인간의 사랑도 사람을 변화시키는 능력을 가지고 있다면, 하나님의 사랑은 얼마나 더 큰 능력을 가지고 있겠는가. 그래서 사도 바울은 고린도전서를 마무리해가면서 사랑의 글을 씀으로써 먼저 자신의 한계상황을 치료하고 이어 고린도 교회의 다양한 문제를 치료하였다.

사도 바울이 사랑의 글을 쓸 무렵에는 어느덧 겨울이 지나가고 서서히 봄이 다가오고 있었다. 사도 바울에게 겨울이 절망을 의미했다면 봄은 희망을 의미했다. 겨울은 겨울로 끝나는 법이 없다. 겨울은 반드시 봄으로 이어진다. 겨울 그리고 봄.

이런 의미에서 고린도전서 13장을 해설하는 이 책은 『겨울 그리고 봄』이라는 이름을 가졌다. 애초 이 해설집은 도서출판 하나의 전광규 목사님의 수고로 『사랑의 글 · 사랑의 신학』이라는 이름으로 출판되었던 것을, 2004년 도서출판 가르침에서 지금의 새 이름으로 출판하였고,

이제 10여년이 흐르면서 합신대학원 출판부에서 표지와 본문을 새롭게 편집하여 독자들에게 올리게 되었다. 책을 만드는 데 여러모로 헌신적인 수고를 아끼지 않은 신현학 실장님과 최문하 자매에게도 큰 감사를 드린다.

2013년 늦가을에 조병수 목사 씀

옛 판 머리말

이 글은 두란노서원에서 발행하는 『말씀묵상』에 1996년 5월부터 1997년 8월까지 매달 연재했던 고린도전서 13장 해설을 한 권으로 묶은 것이다. 이 글을 기고할 수 있도록 기회를 베풀어 준 귀한 형제인 『말씀묵상』의 편집자 이승호 목사님에게 심심한 감사를 드린다. 아무쪼록 독자들께서 이 글을 통하여 사도 바울의 사랑의 글을 조금이라도 깊이 이해하는 데 보탬을 얻을 수 있으면 좋겠다.

이 글을 연재하는 동안 나는 나의 인생에 가장 어려운 일을 겪어야 했다. 그러니까 지난 해 11월 21일 목요일 오전 8시, 나의 사랑하는 아내는 유방암 수술을 받았다. 결혼한 지 15년 7개월 하고 몇 날이 지난 그때... 아내는 반년에 걸친 무섭고 지겨운 항암치료 앞에서 온 몸을 전율했다. 얼굴은 초췌해지고 몸은 수척해졌다. 그러나 아내의 얼굴이 초췌해져도 나는 더욱 그녀를 사랑한다. 아내의 몸이 수척해져도 나는 오직 그녀를 사랑한다. 나는 아내를 사랑한다.

　나는 이 글을 쓰는 동안 줄곧 아내를 머릿속에 떠 올렸다. 아내는 한동안 바이올린을 연주할 수 없다. 작년 가을에 홍콩 애진교회(양영학 선교사 담임)에서 사경회를 인도했을 때 아내가 모처럼 동행하였는데, 집회를 인도하던 중 주위 사람들의 극성스러운(?) 요청에 못 이겨 아내는 바이올린 독주로 하나님께 찬양을 드렸다. 나는 그것이 당분간 마지막 연주가 될 것이라고는 꿈에도 생각하지 못했다. 이 글을 쓰면서 나는 자주 아내의 바이올린을 생각했다. 그것은 참으로 나에게 신기한 힘이 되었다. 사색이 이어지지 않을 때 아내의 바이올린은 선처럼 나에게 사색의 줄이 되었다. 나는 끊임없이 아내의 건강을 위해서 기도한다. 나는 아내를 사랑한다.

　이 사랑의 글을 나의 사랑하는 아내에게 드린다.

1997년 8월 북한산 자락에서
신학박사(Dr.theol.) 조병수 쓰다

1. 긴 겨울

내가
오순절까지
에베소에 머물려 함은
내게 광대하고 유효한 문이 열렸으나
대적하는 자가 많음이라
(고전 16:8-9)

1. 긴 겨울

주후 54년경 겨울, 사도 바울은 에베소에서 고린도 교회에 보내는 첫째 편지를 썼다. 에베소는 소아시아의 주름 잡힌 치마폭 가장자리에 끌리듯이 자리를 잡고 있다. 굽이굽이 흘러내리는 카이스터(Cayster) 강이 에베소에 이르러서는 댕기 끝처럼 늘어뜨려져 호사로움을 뿜어낸다. 하늘 아래 부분을 둘로 나누라면 그것은 땅과 바다인데, 항구도시 에베소는 땅과 바다가 맞닿은 곳에 놓여 있다.

에베소, 하늘의 빛깔과 대해의 냄새와 대륙의 바람이 몰려드는 곳, 하늘과 땅과 바다가 서로 차지하려고 시샘하는 곳, 아르테미스(다이애나) 여신이 질투로 빼앗은 도시, 그 사이에 인간들이 살고 있다. 바다 저 건너에는 마게도냐가 있고, 땅 저 너머에는 페르시아가 있다. 그러므로 에베소는 옛적부터 고대의 힘들이 점령하기 위하여 심하게 각축전을 벌였던 곳이다. 에베소는 한때는 이오니아인들이 다스리고, 이어서 페르시아 제국의 수하에 들어가고, 다시 마게도냐 제국에게 지배를 받고, 그러더니 페르가몬 제국의 수도가 되고, 이제는 결국 로마의 식민지가 되어버렸다. 인간의 도시에서는 전쟁의 피비린내가 그치지 않는다.

사도 바울은 이차 전도여행 시 질투와 전쟁의 도시인 에베소에 교회를 세웠다(행 18:19-21). 이 당시 에베소는 대략 삼십만 명이라는 인구가 밀집해서 살고 있던 대도시였다. 아름다운 항구, 잘 닦여진 포장도로, 견고한 성벽, 고급시설의 목욕탕, 장서를 담고 있는 도서관, 웅장하고 화려한 아르테미스 여신의 신전, 그리고 이만 사천 명이나 한꺼번에 수용할 수 있는 대규모의 극장, 이런 것들이 질투와 전쟁으로 얽히고 설킨 에베소가 그렇게도 뽐내는 자랑거리들이었다.

사도 바울은 세 번째 전도여행을 마칠 무렵 다시 에베소를 찾아와 이태를 지내면서 주의 말씀을 강론하였다(행 19장). 사도 바울은 두 해 동안을 에베소에서 활동하면서 자연에 의하여 표현되는 시샘과 사람들 사이에 일어나는 갈등을 피부로 생생하게 감지하였을 것이다. 인간의 사회에서는 미움의 이야기가 멈추지 않는다.

사도 바울이 에베소에 머물면서 사역하는 기간에 고린도 교회는 그의 가슴을 칼로 에듯이 괴롭혔다. 하늘 너머, 바다 건너, 땅 저편에 위치한 고린도 교회에 관한 소식이 조금 씩 조금 씩 바울의 귀에 들어왔다. 처음에는 고린도 교회의 성도인 글로에가 보낸 몇 사람이 고린도 교회의 소식을 바울에게 알려주었다. 사람의 발은 길을 가게 되어있고, 사람의 입은 말을 내게 되어있다. 글로에의 집사람들이 전해준 소식은 고린도 교회 안에 "분쟁이 있다"(고전 1:11)는 것이었다. 사람마다 이렇게 말한다고 했다: "나는 바울에게, 나는 아볼로에게, 나는 게바에게, 나는 그리스도에게 속하였다"(고전 1:12).

고린도 교회는 사랑을 잃어버린 것이 틀림없다. 사랑의 상실이 완연하게 드러나고 말았다. 이 소식은 바울의 마음을 섬뜩하게 만들었다. 교회는 그리스도의 몸이 아닌가(고전 12:27)? 몸을 조각낸다면 어떻게 생명이 부지될 수 있는가? 그렇다면 분열된 교회는 더 이상 생명을 가지고 있는 교회라고 부를 수가 없다.

그런데 이 보다도 사도 바울을 더욱 경악하게 만들었던

것은 자연스럽게 흘러들어 온 소문이었다. 발 없는 말이 길을 내고, 다리 없는 소리가 천리를 간다. 그것은 고린도 교회에 "음행이 있다"(고전 5:1)는 소문이었다. 누가 그 아버지의 아내를 취하였다는 것이었다. 고린도는 당시에 온갖 음란한 짓을 행함으로 말미암아 세계적으로 악명이 높은 도시였다. 그런데 고린도 교회 내에 발생한 이런 음행은 심지어 이방인들 가운데서도 그 유례를 찾아볼 수 없는 극악한 것이었다. 그럼에도 불구하고 고린도 교회는 이처럼 악질적인 음행사건을 아무 일도 아닌 것처럼 가볍게 처리해버렸다.

고린도 교회는 사랑을 왜곡시키고 있다. 사랑의 방종이 명백하게 입증되고 말았다. 바울의 심정은 무겁기만 하다. 적은 누룩이 온 덩어리에 퍼지는 것을 알지 못하는가 (고전 5:6)? 이제 조만 간에 온 교회가 이 사건으로 말미암아 된서리를 맞게 될 것이 틀림없다. 성도는 그리스도의 지체가 아닌가(고전 12:27)? 잘려나간 지체가 어떻게 생명을 소유할 수 있는가? 그렇다면 음행한 지체를 더 이상 생명을 소유하고 있는 성도라고 일컬을 수가 없다.

사람이 방문하고 소문이 당도하던 그 즈음에 고린도 교회는 사도 바울에게 여러 가지 어려운 일에 대하여 질문하는 편지를 보냈다. "너희가 쓴 문제에 대하여"(고전 7:1). 고린도 교회에 교리와 윤리에 관한 혼돈이 일어났다. 이 혼돈은 결혼의 의미, 우상의 제물, 사도의 권위, 성찬의 방식, 성령의 은사, 부활의 진리에 관한 것들이었다. 고린도 교회 안에 큰 혼돈이 일어났다.

이러한 혼돈의 원인은 사랑을 멸시했기 때문이다. 배우자를 사랑하지 않을 때 결혼은 혼돈을 일으키며, 연약한 자를 사랑하지 않을 때 우상제물은 문제꺼리가 되며, 사도를 사랑하지 않을 때 그의 권위를 의심하게 되고, 자기의 배만을 사랑할 때 성찬은 어지럽혀지며, 교회를 사랑하지 않을 때 은사는 남용되고, 주님을 사랑하지 않을 때 부활을 부인하게 된다. 사랑의 멸시가 분명하게 나타나고 말았다. 사랑은 세우는 것인데(고전 8:1), 고린도 교회는 성도를 가볍게 다루고, 사도를 우습게 여기고, 주님을 욕되게 함으로써 사랑을 무너뜨리고 있는 것이다. 고린도 교회는 스스로 교회의 본질을 포기하였다.

한번은 인편으로, 한번은 소문으로, 한번은 서신으로 사도 바울은 겨우내 고린도 교회의 나쁜 소식에 접하면서 몸서리를 쳐야만 했다. 사도 바울은 에베소에서 마지막 겨울을 보내는 동안 사랑을 상실한 교회, 사랑을 왜곡시킨 교회, 사랑을 멸시한 교회, 고린도 교회에 의하여 끊임없이 심신에 괴롭힘을 당했다. 그 겨울은 어느 겨울보다도 훨씬 몸도 마음도 춥게 하였다. 하지만 어느덧 긴 겨울, 추운 겨울, 고통스런 겨울이 지나가고 있다. 사도 바울은 긴 겨울의 끝에서 부활의 계절을 맞이하고 있다(고전 15장). 그리고 얼마 안 있으면 오순절이 다가올 것이다(고전 16:8).

겨울이 지나가는 길목에서 사도 바울은 고린도 교회를 위하여 길고 긴 편지를 썼다. 사도 바울은 하늘과 바다와 대지가 마주 닿는 에베소의 언덕에 걸터앉아 저편 하늘 아래 놓여있는, 바다 건너에 자리 잡은, 다른 땅에 위치한 고린도 교회를 생각하며 하나님께 한없이 애달픈 기도를 드리면서 결심했다. 사랑에 대하여 알려 주어야지. 사랑을 회복시켜 주어야지. 사랑의 글을 써 보내리라.

긴 겨울이 지나는 하늘에는 눈부신 햇살이 사랑의 가사를 쏟아내고 있다. 바닷물이 출렁거리며 흥겹게 노래를 부른다. 땅이 아른거리며 춤을 추고 있다.

2. 사랑의 글

너희는
더욱 큰 은사를 사모하라
내가 또한 가장
좋은 길을 너희에게 보이리라
(고전 12:31)

열세 절 밖에 안 되는 글. 이백 단어도 채 안 되는 짧은 글. 고린도전서 13장. 사랑의 글. 이 속에 수많은 사랑의 말이 들어있다. 사도 바울은 이 글을 영적인 일에 관하여 다루는 단락에서 기록한다. 사도 바울은 고린도전서 12장 1절에서부터 영적인 일에 관하여 다루기를 시작하여 고린도전서 14장 40절까지 계속한다. 사랑의 편지는 영적인 일을 다루는 단락의 한복판에 자리를 잡고 있다. 사랑은 영적인 일이다.

고린도 교회의 현재를 살펴보면 매우 비영적인 상황에 있다. 고린도 교회는 변함없이 인간적인 차원에 머물러 있다. 당을 지어 분쟁을 일삼는다. 그리스도의 사역자들을 나누어 놓음으로써 그리스도를 나누어 놓았다(고전 1:12). 고린도 교회는 여전히 세속적인 방식을 떨쳐 버리지 못하고 있다. 세상의 법정에서 투쟁을 벌인다. 형제가 형제와 더불어 어떤 일이 있을 때 손해를 보지 않겠다고 믿지 않는 자들 앞에서 송사를 하였다(고전 6:6). 고린도 교회는 계속해서 미신적인 생각에 사로 잡혀있다. 우상제물에 대한 분명한 입장이 없다. 우상제물을 먹어도 되느냐 안 되느냐 하는 논쟁에 빠져 있었다(고전 8:1). 고린도 교회는 아직도 물질적인 수준에서 벗어나지 못하고 있다. 먹을 것을 가지고 싸운다. 주의 성찬을 먹을 때 사람들이 서로 먼저 갖다 먹으므로 어떤 이는 시장하고 어떤 이는 취하는 사례가 일어났다(고전 11:20-21).

사도 바울은 인간적이며, 세속적이며, 미신적이며, 물질적인 오류를 극복하도록 고린도 교회에게 영적인 것에 관하여 교훈한다. 교회는 영적인 세계를 사모해야 한다. 영적인 세계는 성령의 은사들, 그리스도의 봉사들, 하나님의 역사(役事)들과 관련된다(고전 12:4-6). 성령의 은사는 성령의 현상적인 기능을 가리킨다(고전 12:7-11). 그리스도의 봉사는 몸에 붙어있는 지체들의 역할에 비유된다(고전 12:12-27). 하나님의 역사는 교회 안에 세운 몇 가지 직분을 가지고 설명된다(고전 12:28-30). 영적인 세계는 신비와 생동과 능력이라는 말로 요약할 수 있다. 영적인 세계에 들어와 있는 이는 남이 알 수 없는 것을 알며, 남이 살 수 없는 삶을 살며, 남이 할 수 없는 일을 한다.

하지만 영적인 세계는 이 정도가 아니다. 영적인 세계는 훨씬 높고 넓다. 영적인 세계에서 가장 뛰어난 길이 있다. 그러므로 사도 바울은 "내가 또한 가장 좋은 길을 너희에게 보이리라"(고전 12:31)고 말한다. 영적인 세계에서 최고로 위대한 것은 사랑이다. 따라서 사도 바울이 말하는 사랑은 가장 높은 영적인 수준이며, 가장 넓은 영적인 범위이다. 사랑은 성삼위 하나님의 영적인 은혜가 지향하는 가장 높은 목표이며, 성삼위 하나님의 은혜가 보급되는 가장 넓은 경계이다.

사도 바울에 의하면 사랑은 가장 영적인 것이다. 사랑은 에로틱한 것도 아니며, 로맨틱한 것도 아니다. 사랑은 인간적인 것도 아니며, 물질적인 것도 아니다. 사랑은 예술적인 것도 아니며, 문학적인 것도 아니다. 사랑은 영적인 일이며, 성령과 관련된 일이다. 그러므로 사랑은 사람이 스스로 획득할 수 있는 것이 아니다. 사랑은 인간의 내부에서 출원하는 것이 아니다. 사랑은 오직 성삼위 하나님께서 선사하시는 선물이다. 사랑의 근원은 우리 안에 있지 않고, 우리 밖에 있다. 종교개혁자들이 즐겨 사용했던 라틴어의 표현을 빌리자면 "extra nos"(우리 밖에)!

사도 바울은 사랑의 글을 놀라울 만큼 정교하게 구성하고 있다. 첫째 단락에서(1-3절) 세 번씩이나 "사랑이 없으면"(1,2,3절)이라는 문구를 반복적으로 사용하여 부정적인 인상을 확 풍기고 있다. 하지만 이것은 부정적 표현을 통하여 강한 긍정을 목적하고 있는 것이다. 금지를 말함으로써 허락을 강조하듯이. 마치 거리의 신호등이 빨간 불을 앞세움으로써 파란 불을 인식시키듯이.

둘째 단락에서(4-7절) 사랑의 속성이 잘 짜인 모자이크처럼 명암을 대비시키며 오밀조밀하게 조합된다. 사랑은 오래 참고 사랑은 온유하며... 사랑은 한 마디의 말로 정의될 수가 없다. 여기에 사랑에 관한 사도 바울의 깊은 사색이 엿보인다. 사랑은 다각적인 방식으로 설명되어야 하며, 사랑은 다양한 방법으로 실천되어야 한다.

셋째 단락은(8-12절) 사랑이 그 무엇과도 비교할 수 없이 월등하다는 것을 묘사한다. 사랑의 온전함과 성숙함과 분명함이 자태를 드러낸다. 많은 음표를 굽이굽이 타고 올라 마침내 종절(finale)을 장식하는 완벽한 고음처럼. 그래서 사도 바울은 이렇게 결론을 내린다: "그 중에 제일은 사랑이라"(13절).

통틀어 열세 절 밖에 안 되는 짧은 글 속에서 사도 바울은 인간의 문학이 사용할 수 있는 문체를 거의 다 사용하고 있다. 사도 바울은 은유법을 사용하여 사랑을 가장 좋은 길로 묘사하더니(고전 12:31), 사랑이 없는 사람은 소리 나는 구리와 울리는 꽹과리가 된다고 비유한다(1절). "만일 예언을 가지고 있다 할지라도... 만일 믿음을 가지고 있다 할지라도."(2절) 라는 식의 병행법이 지배적인 특징을 이룬다. "내 몸을 불사르게 내어줄지라도"(3절) 라는 말은 고급한 과장법이다. "사랑이 없으면"(1,2,3절)을 세 번 되풀이하는 반복법은 처음부터 인상적이다.

또한 의인법이 자주 등장하는데, 예를 들면 "사랑은 자랑하지 않는다"(4절)와 같은 표현이다. 바울이 사랑의 속성을 설명하기 위하여 사용한 열거법은 정말로 기가 막히다(4-7절). 게다가 사랑의 불멸성과 예언이나 방언이나 지식의 가멸성을 상반시키는 대조법은 얼마나 뛰어난가(8절). 사랑의 월등함을 설명하는 단락에서(8절 이하) 교차대구법(chiasmus)이 사용되었는데 앞에 나오는 "사랑은 떨어지지 않는다"(8절)와 "부분적으로 안다"(9절)는 뒤에 나오는 "부분적으로 안다"(12절)와 "사랑은 크다"(13절)에 대하여 훌륭한 X자형 대구법을 이룬다.

다 해야 이백 단어도 안 되는 짧은 글 속에서 사도 바울은 자주 사용되지 않는 희귀한 단어를 열 예닐곱 개나 구사하는데 이것은 사랑의 글의 거의 일 할에 육박하는 분량이다(구리, 울리다, 꽹과리, 소리 나다, 옮기다, 구제하다, 오래 참다, 온유하다, 자랑하다, 교만하다, 무례히 행하다, 성내다, 함께 기뻐하다, 참는다, 거울, 희미하다 등등).

　이렇게 사도 바울은 사랑에 관하여 서술하기 위하여 모든 문학적인 기술을 다 동원하였다. 혼신의 힘을 기울이고 있다. 사도 바울은 아름다운 글을 쓰고 있는 것이다. 가장 시적인 글을 쓰고 있는 것이다. 아니 더 정확하게 말하자면 사도 바울은 영적인 글을 쓰고 있는 것이다. 가장 신적인 글을 쓰고 있는 것이다. 아는가, 사도 바울에게 있어서 사랑은 시학(詩學)이 아니라 신학(神學)이란 것을!

3. 잡음과 화음

내가
사람의 방언과 천사의 말을 할지라도
사랑이 없으면
소리 나는 구리와 울리는 꽹과리가 되고
(고전 13:1)

어떻게 이야기를 풀어나가야 좋을까. 바울은 더 큰 은사이며 가장 좋은 길인 사랑을 보여주겠다고 약속한 후에 잠시 멈칫하였을 것이다. 그리고는 "그래, 이야기를 언어에서부터 시작하자"고 생각하였을 것이다. 바울이 사랑과 관련하여 가장 먼저 다루고 싶었던 것은 언어이다. "내가 사람의 방언과 천사의 말을 할지라도 사랑이 없으면 소리 나는 구리와 울리는 꽹과리가 되고"(고전 13:1).

바울은 언어를 "사람들의 말"과 "천사들의 말"로 구분하였다. 지상에서 유통되는 모든 종류의 말과 천상에서 흐르는 모든 종류의 말을 구별하고 있는 것이다. 사람들의 말에는 고린도 교회에서 문제시되었던 기적적인 방언 뿐 아니라 일반적인 언어도 포함된다. 바울은 인간사회에 다양한 언어가 있다는 것을 알고 있었다. 실제로 그 자신이 여러 가지 말들을 구사할 수 있었다(고전 14:18). 또한 바울은 천상에서 사용되는 말들도 알고 있었다. 이후에 바울은 셋째 하늘인 낙원에서 사용되는 "말로 표현할 수 없는 말"(고후 12:4)을 언급한다. 사람이 지상에 있는 여러 가지 언어들을 섭렵할 수 있다면 그것은 사실상 대단한 일이다. 게다가 사람이 천상의 말을 할 수 있다면 그것은 틀림없이 엄청난 일이다.

그런데 바울은 바로 이 지점에서 한 가지 중요한 사실을 지적한다. 그것은 이처럼 대단하고 엄청난 언어가 까딱하면 아무런 가치가 없는 것이 되어버릴 수 있다는 것이다. 사랑이 없으면 언어는 잡음이 된다. 기적적이며 천재적이며 천상적인 언어로 말을 한다 할지라도 사랑이 없으면 "소리 나는 구리와 울리는 꽹과리가 된다." 여기에서 "구리"는 넙적한 쟁반처럼 생긴 징을 의미하는 것 같다. "꽹과리"는 심벌즈를 가리킨다. 이것은 모두 타악기이다. 바울은 이외에도 고대악기 가운데 여러 가지 종류를 알고 있었다. 피리(아울로스, 고전 14:7)나 나팔(살핑크스, 고전 14:8; 15:52)같은 관악기와 비파(키타라, 고전 14:7)같은 현악기이다.

사랑이 없는 언어는 그것이 기적적이든지 천재적이든지

천상적이든지 윙윙거리는 징과 쨍쨍거리는 심벌즈에 지나지 않는다. 사실상 바울이 말하는 징과 심벌즈는 우상종교에서 축제 때 사용되던 악기들이다. 우상종교에 사로잡힌 사람들은 축제를 하면서 미친 듯이 징을 두드리고, 정신 나간 듯이 심벌즈를 울려댄다. 사랑이 없는 언어는 우상축제에서 두드리는 징 소리와 울려대는 심벌즈 소리처럼 시끄럽고 귀 따가운 소리일 뿐이다. 사랑 없는 사람의 말은 속을 울렁거리게 만들며 끊임없이 퍼져나가는 징 소리와 같으며, 사랑이 없는 천사의 말은 폭발하듯이 갑작스레 터져 나와 귀를 멍하게 만드는 심벌즈 소리와 같다. 잡음!

　사랑이 없으면 언어가 잡음이 된다. 잡음은 두 가지 성격을 가지고 있다. 첫째로 잡음은 무의미한 소리이다. 사랑이 없는 언어는 아무리 아름답게 치장해도 쓸데없이 지껄이는 소리일 뿐이다. 중언부언. 잡음으로부터는 아무런 내용을 파악할 수 없다. 가장 전통 있는 것으로 자랑하는 독일 쾰른의 카니발(사육제)에서는 가장행렬을 진행하면서 온갖 악기를 동원하고 고성능 확성기를 사용하여 한마당을 벌인다. 카니발을 구경해본 사람은 알겠지만, 귀가 멍멍해지고 속이 울렁거릴 정도로 심하게 큰 소리들이 아무런 조화 없이 마구 섞여 뒤죽박죽이 되어 온 도시를 지배하여 무슨 말을 하는지 무슨 노래를 부르는지 도무지 알아들을 수가 없다.

사도 바울은 소리가 잡음이 되는 것에 관해서 이렇게 말했다. "혹 피리나 거문고와 같이 생명 없는 것이 소리를 낼 때에 그 음의 분별을 나타내지 아니하면 피리 부는 것인지 거문고 타는 것인지 어찌 알게 되리요"(고전 14:7). 사랑이 없는 사람의 말은 쇳소리와 별 차이가 없고, 사랑이 없는 천사의 언어는 기계소리와 다를 바가 없다. 사랑이 없으면 사람의 말은 쇳소리가 되고, 천사의 언어는 기계소리가 된다.

둘째로 잡음은 해악한 소리이다. 사랑이 없는 언어는 장황하게 늘어놔도 괴롭히는 소리일 뿐이다. 유학을 위해 막 독일에 온 어떤 형제가 기숙사에 짐을 푼 지 며칠이 못 되어 한밤중에 경찰의 습격을 받았다. 바로 아래층에 사는 독일학생이 고발을 했다는 것이다. 무슨 일이냐고 했더니 야행성 공부스타일을 가지고 있는 이 형제가 아직 카펫을 깔지 않은 방에서 한밤중에 딱딱한 실내화를 신고 또각또각 다니는 소리가 정신적인 괴롭힘을 준다는 것이었다.

잡음은 해악하다. 사랑이 없는 언어는 해악한 잡음이다. 사랑이 없는 인간의 혀와 독사의 혀 사이에 간격은 그리 멀지 않으며, 천사의 입술과 사탄의 입술은 그리 멀리 떨어져 있는 것이 아니다. 사랑이 없으면 사람의 혀는 뱀의 혀가 되고, 천사의 입술은 마귀의 입술이 된다.

인간의 말과 천사의 말이 가치를 가지려면 사랑이 있어야 한다. 사랑이 있으면 언어가 화음이 된다. 사랑이 없으면 언어는 징과 심벌즈가 아무렇게나 내는 잡음이 되고, 사랑이 있으면 언어는 징과 심벌즈가 조화 속에서 내는 화음이 된다. 사랑은 언어를 음악으로 만든다. 오케스트라의 단원들이 연주를 시작하기 전에 등단하여 수분 전까지 자기 악기에 몰두하여 최선을 다해 손놀림 연습을 할 때면 연주장 안에는 괴기한 불협화음이 마구 날아다닌다. 그러다가 드디어 오보에 주자가 천천히 그러나 정확하게 A음을 악장에게 건네주면 악장이 켜는 바이올린의 A음은 제일 바이올린 주자들, 제이 바이올린 주자들 이런 식으로 온 오케스트라 단원에게 전달되어 삽시간에 A음이 장엄하게 오케스트라를 다스린다.

불협화음을 정복해나가는 협화음. 사랑(Agape)은 모든 소리를 듣기 좋게 조화시키는 기본음(A음)이다. 사랑은 카오스를 코스모스로 만든다. 사랑은 하나의 체계이며, 하나의 체계를 만드는 것이다. 그러므로 사랑은 상태일 뿐 아니라, 동작이다. 사랑에는 자동사적인 성격 뿐 아니라 타동사적인 성격도 있다.

사랑은 능력이다. 사랑이 있으면 언어가 능력이 된다. 사랑의 언어는 사람을 변화시킨다. 문제는 언어의 유무가 아니라 사랑의 유무이다. 라디오에서 중요한 것은 볼륨과 주파수이다. 주파수를 옳게 맞추어 놓지 않은 라디오처럼 시끄러운 것이 없다. 주파수를 맞추지 않고 볼륨을 최대로 올리면 최대의 잡음이 나오고, 주파수를 맞추고 볼륨을 최대로 올리면 최대의 화음이 나온다. 최대의 볼륨은 주파수의 안정에 따라 최대의 잡음이 될 수도 있고, 최대의 화음이 될 수도 있다. 그러므로 문제는 볼륨이 아니라 주파수인 것이다. 주파수가 맞지 않으면 잡음이 귀를 찌르고, 주파수가 맞으면 화음이 마음을 찌른다. 중요한 것은 볼륨의 크기가 아니라 주파수의 조절이다.

사랑은 잘 맞추어진 주파수와 같은 것이어서 모든 언어를 화음으로 이끈다. 사랑은 잡음을 화음으로 만든다. 그러므로 지금 우리에게 필요한 것은 말쟁이가 아니라 사랑쟁이이다. 말꾼보다 사랑꾼이 필요하다.

4. 유 대 무 (有對無)

내가
예언하는 능력이 있어
모든 비밀과 모든 지식을 알고
또 산을 옮길만한 모든 믿음이 있을지라도
사랑이 없으면
내가 아무것도 아니요
(고전 13:2)

4. 유 대 무 (有對無)

예언과 믿음. 사도 바울은 예언과 믿음을 사랑과의 연계
성에서 이해한다(고전 13:2). 사랑은 예언과 믿음을 의미
있게 만든다. 사랑이 없으면 예언과 믿음은 알맹이 없는
껍데기이다. 그래서 사도 바울은 예언과 믿음을 사랑과
대결시킨다.

첫째로 예언이 주제가 된다. "내가 예언을 가지고 있어
모든 비밀과 모든 지식을 알지라도"(2상). 예언의 내용
이 두 가지로 설명된다. 모든 비밀을 아는 것과 모든 지식
을 아는 것이다. 이것은 예언의 은사로부터 나오는 두 가
지 효과를 의미한다. 비밀은 아직 알려지지 않은 일들에

관한 것이다. 지식은 이미 알려진 일들에 관한 것이다. 예언의 은사를 가지고 있으면 한편으로는 아직 감추어진 일들을 알게 되고, 한편으로는 이미 드러난 일들을 알게 된다.

하지만 이러한 예언의 은사를 통하여 아직 감추어진 것이건 이미 드러난 것이건 모든 것을 알고 있는 사람이 사랑을 가지고 있지 않다면 어떤 결과가 생기는가? 여기에 지식과 사랑의 관계에 대한 질문이 제기되고 있다. 바울의 대답은 너무나도 간단하다. "나는 아무것도 아니다." 무(無)!

사랑이 없는 지식은 허무하며 쓸모없다. 사랑 없는 지식이 허무한 것은 마치 이방학문에 사로잡힌 사람이 더 많은 지식을 얻기 위하여 미친 듯이 책들을 들척거리고, 홀린 듯이 학자들을 찾아다니는 것과 같다. 끝없는 구도의 길. 이것으로 머리는 복잡해지고 몸은 피곤해진다. 허탈. 사랑이 없으면 아직 숨기운 일들을 아는 지식도, 이미 나타난 일들을 아는 지식도 모두 헛된 것일 뿐이다. 사랑이 없는 지식은 쓸모없다.

유학시절에 나는 내가 살던 독일의 한 도시에서 매월 한 번씩 열리는 벼룩시장(Flohmarkt)에서 중고 신학서적을 싸게 파는 렝크(Lenk) 씨를 알게 되었다. 그 사람은 자기 집에 엄청난 양의 중고 신학서적을 가지고 있다고 말하면서 흥미가 있으면 언제든지 방문하라고 초청을 하였다. 그래서 나와 내 친구는 날을 택하여 저녁때쯤 렝크 씨가 살고 있는 집을 찾아갔다. 우리는 그의 도서창고에 들어섰을 때 그만 탄성을 지르고 말았다. 렝크 씨의 도서창고는 축사를 개조한 것이었는데 그토록 넓은 일층과 지하층에 책을 담은 바나나 상자들이 산더미처럼 쌓여있었던 것이다. 우리 둘은 아예 창고열쇠를 맡기고 휑하니 나가버리는 렝크 씨를 쳐다보지도 않고 바나나 상자를 뒤지기 시작했다. 몇 시간이나 지났을까… 우리는 눈이 가물가물해지고 몸이 휘청거리는 것을 느꼈다. 산더미 같은 중고 책 속에서 필요한 책을 찾는다는 것이 얼마나 피곤한 일인지… 우리는 깨달았다. 일정한 도서분류법을 따라 정돈된 책의 가치를. 사랑이 없는 지식은 정리 안 된 고물상이다. 사랑이 있을 때 비로소 지식은 정리된 도서관이 된다. 그러므로 사랑은 모든 지식을 쓸모 있게 정돈시키는 법도 (원칙)이다.

사랑이 없는 지식은 허무하게 만들며 쓸모없게 만든다. 마치 불량한 책들이 악한 지식을 살포하여 악심을 일으키고, 돌아버린 학자들이 지식을 사용하여 살인가스를 제조하는 것과 같다. 끝없는 발광의 길. 이것은 인간을 멸망시키며 생명을 파괴시킨다. 사랑이 없으면 아직 감추어진 일들을 아는 지식도 이미 드러난 일들을 아는 지식도 모두 가공할만한 악행을 초래한다. 사랑이 없는 지식은 수 많은 것을 쓸모가 없게 만든다.

그러므로 사랑 없는 지식은 그 자체가 제로(zero)일 뿐 아니라 모든 것을 제로로 만든다. 존재로서의 무가 아니라 동작으로서의 무이다. 수학적으로 말하자면 무엇엔가 영을 더하는 것일 뿐 아니라, 무엇엔가 영을 곱하는 것이다! 사랑이 없는 지식은 허무할 뿐 아니라 허무하게 한다. 사랑이 없는 지식은 허무적인 자동사의 기능을 하며 파괴적인 타동사의 기능을 한다. 무효상태이며 무효작동이다. 사랑은 모든 지식을 유효하게 만드는 능력이다. 그러므로 사랑은 아는 것 이상이다. 사랑 앞에서 지식은 겸손해야 한다.

둘째로 믿음이 주제가 된다. "내가 모든 믿음을 가지고 있어 산이 옮겨질지라도"(2중). 여기에 믿음의 효력이 설명된다. 산을 옮길만한 믿음. 주님께서 이미 말씀하셨던 것처럼 사실상 산을 옮길만한 믿음은 대단한 것이다(마 17:20; 막 11:23). 이것은 능력적인 믿음이다. 옛날부터 많은 그리스도인들이 이러한 능력적인 믿음을 추구해 왔다. 현금에도 적지 않은 그리스도인들이 이런 능력적인 믿음을 갖지 못해 안달을 한다. 그래서 신유집회니 능력집회니 환상집회니 축사집회니 하는 여러 가지 형태의 모임이 극성을 부린다. 그리고 이런 집회를 개회하는 사람들이나 참석하는 사람들은 여러 가지 방법들을 동원하여 자신들의 정당성을 주장하기 위하여 꽤나 애를 쓴다. 하지만 산을 옮길만한 능력적인 믿음을 가지고 있다 할지라도 사랑을 가지고 있지 않으면 어떤 결과가 일어나는가? 바울의 대답은 동일하다. "나는 아무것도 아니다." 무(無)!

사랑이 없는 믿음은 무가치하며 무의미하다. 사랑 없는 믿음이 무가치한 것은 마치 세상마술에 사로잡힌 사람이 더 신기한 일을 체험하기 위하여 온갖 기적을 좇아 세상을 휩쓸고 다니지만 결국은 허무함에 빠지는 것과 같다. 이로써 사람은 허공에 처하고 무능해지고 만다. 사랑이 없는 믿음은 허상이다. 사랑이 있을 때 믿음은 드디어 실상이 된다. 사랑 없는 믿음이 무의미한 것은 마치 환각제를 상용하는 사람이 더 짜릿한 것을 경험하기 위하여 별의별 약물을 찾아 온 땅을 헤매고 다니지만 결국은 죽음에 이르는 것과 같다. 탈진. 이로써 사람은 꿈속에 잠기고 무력해지고 만다. 사랑이 없는 믿음은 환상이다. 사랑이 있을 때 믿음은 비로소 현실이 된다. 그러므로 사랑은 모든 믿음을 현실화시키는 경종이다.

사랑이 없는 믿음은 무가치하게 만들며 무의미하게 만든다. 이것은 사람으로 하여금 환상을 좇게 하고, 이것은 사람을 꿈속에 파묻히게 한다. 사람을 허무하게 만들뿐이다. 이것이 모든 이단집단이 사람을 포획하면 마지막에는 그의 신혼(身魂)과 재물을 빼앗고 멸망시키는 경우이며, 어떤 선교단체가 자신의 신앙체계에 동의하지 않는 회원에게 폭행을 가하는 경우이다. 그러므로 사랑은 믿는 것 이상이다. 사랑에게 믿음은 우선권을 내주어야 한다.

사도 바울은 말한다. "모든" 비밀을 알지라도, "모든" 지식을 가질지라도, "모든" 믿음을 소유할지라도, 사랑이 없으면 "아무것도 아니다." 전부(全部)가 전무(全無)이다. 사랑이 없으면 유(有)가 무(無)가 되어버린다. 유무의 사이는 종이의 앞쪽과 뒤쪽보다도 얇지만, 유무의 차이는 동쪽과 서쪽보다도 넓다. 사랑이 있으면 우리는 유가 되고, 사랑이 없으면 우리는 무가 된다. 사도 바울은 사랑을 중심으로 전부와 전무를 대결시킨다. 유와 무를 대결시킨다. 유 대 무(有對無)!

5. 기독교의 본질

내가
내게 있는 모든 것으로 구제하고
또 내 몸을 불사르게 내줄지라도
사랑이 없으면
내게 아무 유익이 없느니라
(고전 13:3)

기독교란 무엇인가? 우리에게 중요한 이 질문은 바울에게도 중요한 질문이었다. 기독교는 아직 바울이 활동하고 있던 시기에 이미 기독교인들에 의하여 색다르게 이해되고 있었기 때문이다. 외면적인 것으로 내면적인 것을 대치하려는 시도가 있었다. 특히 고린도 교회는 기독교의 본질을 유익성에 두고 있었던 것 같다. 그것은 구제와 헌신에 근거하는 유익성이었다. 구제와 헌신은 고린도 교회가 기독교를 이해하는 데 중요한 요소로 대두하였다. 따라서 사도 바울은 "내가 내게 있는 모든 것으로 구제하고 또 내 몸을 불사르게 내어줄지라도 사랑이 없으면 내게 아무 유익이 없느니라"(고전 13:3)고 말하였다.

구제와 헌신은 사도 바울이 살았던 당시에 사람들이 여러모로 중요하게 여기는 것들이었다. 본래 "구제"라는 단어는 무엇인가를 조각내어 나누어주는 것을 의미한다(요 13:26,27,30 참조). 그런데 "모든 것으로" 구제하는 것으로 한다고 말함으로써 이 구제는 보통구제가 아니라는 것을 시사한다.

넓은 의미에 있어서 이것은 아마도 종교적인 제사행위를 의미할 수 있다. 이것은 사도 바울이 살았던 당시에 이방신을 섬기는 사람들이 보여준 종교적인 헌물이다. 사람에게의 베풂이 아니라 신에게의 드림을 의미하는 것이다. 로마인들의 종교는 로마인들이 신들에게 무엇인가를 주면 신들이 로마인들에게 무엇인가를 돌려준다는 신념에 근거를 두고 있었다. 이것을 가리켜 소위 "내가 주면 결국 네가 준다"(do ut des)의 법칙이라고 부른다. 따라서 로마의 종교는 일종의 안전그물(safety-net)이다.

또한 구제란 것은 종교적인 자선행위를 의미할 수 있다. 무엇보다도 이 단어는 다른 사람을 먹이는 것과 관련이 있다(롬 12:20 "네 원수가 주리거든 먹이라"). 이것은 사람의 죄악된 삶에 대한 신의 심판을 구제를 통하여 감소시키려는 목적을 지닌다. 말하자면 이것은 종교적인 적선행위이다.

"몸을 내어주는 것"은 투신을 의미하는데 당시에는 정치적인 목적으로 투신을 장려하였다. 로마의 시저가 갈리아 전쟁을 치를 때 한 백부장이 적진을 교란시키기 위하여 병사들보다 앞장서 뛰어들어 목숨을 바쳤던 영웅적인 행위는 당시에 큰 이야기꺼리로 전해지고 있었다.

특히 몸을 "불사르게" 내어주는 것이 의미하는 바는 여러 가지 면에서 생각해볼 수 있다. 우선 이방종교에서는 극단적인 종교적인 헌신을 표시하기 위하여 자기의 몸을 불사르는 일이 종종 있었다. 또한 이것은 철학의 세계에서도 심심치 않게 발생하는 일이었는데, 사람들은 분신이라는 영웅적인 행위를 통하여 자신이 신봉하는 철학의 심오함을 입증할 수 있다고 생각하였다. 아테네에서 어떤 인도사람이 자신의 몸을 불태운 사건이 있었는데, 이를 본받아 페레그리누스 프로테우스라는 사람도 올림피아 산에 모인 많은 군중 앞에서 분신하는 행위를 하였다.

이와 같은 역사적인 상황에서 고린도 교회의 성도들은 구제와 헌신이야말로 기독교를 표현하는 데 가장 중요한 요소가운데 하나로 생각하였을 수 있다. 구제와 헌신은 고린도 교회가 기독교를 이해하는 방식이었을 뿐 아니라 기독교를 실현하는 방식이었다. 고린도 교회의 성도들은 구제와 헌신에서 기독교의 본질이 가장 명확하게 표현된다는 사상을 가지고 있었던 것이다.

먼저 구제와 관련하여 말하자면 고린도 교회의 성도들이 예루살렘 교회의 아들이며 안디옥 교회의 아버지인 바나바의 생활에 관하여 익숙히 알고 있었다는 것을 미루어 볼 때(고전 9:6), 그들은 바나바가 예루살렘 교회에서 봉사할 당시에 소유하고 있던 밭을 팔아 그 값을 사도들의 발 앞에 두었던 저 유명한 사건을 기억하고 있었을 것을 짐작할 수 있다. 아마도 고린도 교회의 성도들 가운데는 바나바가 했던 식의 헌물행위를 흉내 내려는 사람들이 더러 있었을 것으로 추측할 수 있다. 고린도 교회의 성도들은 헌물로써 하나님의 축복을 앞당기고, 구제로써 하나님의 심판을 늦출 수 있다고 생각한 것은 아닐까? 그렇다면 그들은 구제야말로 기독교의 본질을 명확하게 드러내는 것으로 생각했을 것이다.

이제 헌신과 관련하여 살펴볼 때 고린도 교회의 성도들은 어느 정도 다니엘서에 대하여 지식이 있었을 것이며, 다니엘의 동료들이 느부갓네살의 신상에 절하지 않았기 때문에 극렬히 타는 풀무불 속에 던져진 것을 알고 있었을 것으로 추정하게 된다(단 3:19-23; 히 11:34). 또한 고린도 교회의 성도들은 시리아의 안티오쿠스 왕이 유대인들을 잔인한 방법으로 짓밟고 있었을 때, 유대인 어머니와 일곱 아들이 체포되었는데 배교를 강요하는 안티오쿠스를 향해 배교 대신 죽음을 선택하겠노라고 말하자 그들을 차례대로 불태워 죽였던 일도 알고 있었을 것이다(마카비2서 7장; 참조. 마카비4서 6:26; 7:12; 히 11:34; Bell. 1,648ff.). 아마도 고린도 교회의 성도들 가운데 어떤 이들은 다니엘의 친구들과 그 외의 사람들이 보여주었던 헌신을 모방하려고 했었을 것이다.

　고린도 교회의 성도들은 그리스도의 고난에 동참한다는 것을 나타내기 위하여 또는 그리스도와의 신비적인 연합을 가속하기 위하여 또는 이 세상에 대한 자유를 표시하기 위하여 이런 일을 저질렀을 수 있다. 그렇다면 그들은 헌신이야말로 기독교의 본질을 극명하게 나타내는 것으로 생각했을 것이다. 고린도 교회의 성도들은 구제에 의한 물질포기와 헌신에 의한 신앙순교를 기독교의 본질이라고 생각했던 것이다.

　하지만 사도 바울은 다르게 생각한다. 기독교의 본질은 구제나 헌신에 있는 것이 아니다. 물질을 풀어내는 구제라는 것은 재물이 포화상태에 있을 때도 어느 정도 실천될 수 있는 것이며, 또 다른 어떤 목적을 계산하고 있을 때는 대단히 적극적으로 시행되는 것이며, 심지어 인생을 체념하고 있을 때도 행해질 수 있는 것이다. 신체를 불사르는 헌신이란 것은 무분별한 열광주의에서도 나올 수 있는 것이며, 인생에 권태를 느끼는 비관주의에서도 이루어질 수 있는 것이다. 그러므로 구제와 헌신은 결코 기독교의 본질이 될 수가 없다.

구제와 헌신이 가치를 가지려면 사랑이 전제되어야 한다. 사랑이 없으면 구제와 헌신은 무익하다. 사도 바울은 외면적인 것으로 내면적인 것을 대치하려는 시도에 대하여 맹렬한 비판을 가한다. 바로 이 사실이 예수 그리스도에게서 가장 분명하게 표현되었다. 예수 그리스도께서 우리를 위하여 하늘의 영광을 포기하고 육체를 십자가에 내준 저 놀라운 구속행위는 사랑을 바탕으로 한다. 사랑은 구제로 하여금 진정한 구제가 되게 하며, 헌신으로 하여금 진정한 헌신이 되게 한다.

여기에 사랑의 힘이 있다. 사랑은 행위에 가치성과 유익성을 부여한다. 따라서 기독교의 진정한 본질은 사랑에 있다. 구제가 있다손 치더라도, 헌신이 있다손 치더라도 사랑이 없으면 무익하다.

6. 오래 참고 온유하며

사랑은 오래 참고
사랑은 온유하며
(고전 13:4a)

사랑은 인격이다. 사랑은 개념이 아니다. 이것을 입증하기라도 하겠다는 듯이 사도 바울은 사랑을 의인화시켜 설명한다. "사랑은 오래 참고 사랑은 온유하며…" 이러한 강한 의지가 사도 바울로 하여금 새로운 단락으로 들어가게 만든다(4-7절). 이 단락에서 사랑을 의인화시켜 설명하면서 사도 바울은 먼저 두 번 사랑을 긍정적으로 묘사하고, 이어서 여덟 번 사랑을 위하여 부정적인 표현을 사용한다. 사랑은 우선 긍정적인 기능을 가지며 다음에 부정적인 기능을 가진다. 이와 같은 논법의 전개에서 우리는 사도 바울이 지니고 있는 사고방식의 일면을 본다.

사도 바울은 가장 먼저 "사랑은 오래 참고 사랑은 온유하다"고 말한다. 사도 바울은 오래 참음과 온유함을 연결시키고 있다. 사도 바울은 성령의 열매를 설명할 때도(갈 5:22), 자신의 모습을 묘사할 때도(고후 6:6), 성도들에게 바른 삶을 제시할 때도(골 3:13) 오래 참음과 온유함을 나란히 언급한다. 왜냐하면 오래 참음과 온유함은 사랑의 오른팔과 왼팔이기 때문이다. 사랑은 오래 참음과 온유를 좌우에 거느리고 중심을 잡는다. 오래 참지만 온유하지 않은 사랑이라던가, 온유하지만 오래 참지 않는 사랑이란 것은 생각조차도 해 볼 수가 없다.

그러면 오래 참음이란 무엇인가? 그리스어에서는 천기의 이동이나 지각의 변동이나 파도의 운동 따위의 격렬한 동작을 가리키는 데 사용되는 말이 있는데, 여기에 쓰인 오래 참음이란 단어는 따지고 보면 이 격렬한 동작을 나타내는 단어의 어근에 "길다"라는 단어를 결합하여 이룬 합성어이다. 따라서 오래 참음이란 단어는 급하게 무엇인가 이루려 하는 대신에 기다리고 기다리는 크고 넓은 마음을 의미한다.

오래 참음은 긴 마음이다(long-minded). 사랑은 연못에 작은 파장들이 일어나는 것처럼 쉽게 결정하고 쉽게 포기하는 것이 아니다. 사랑은 대양에 넘실거리는 큰 파도처럼 오래 생각하고 오래 기다리는 것이다. 오늘날의 교회는 급속주의라는 거대한 문제점을 안고 있다. 많은 교회들이 어떻게 하든지 간에 서둘러 일을 처리하고 급속

히 성장하려고 노력한다. 교회행정에서도 그렇고 선교사
업에서도 그렇다. 현대의 교회들은 오랜 시간을 드려 완
숙하게 일하려고 하지 않는다.

온유함이란 무엇인가? 본래 이것은 쓸모 있게 사용할 수
있다는 뜻을 가지고 있다. 사용할 수 있는 것은 순수한 것
이며, 칭찬할 만한 것이며, 좋은 것이며, 부드러운 것이
며, 친근한 것이다. 사랑은 가까운 마음이다. 가까이 가
까이 끌어당기는 마음이다. 하나로 만들 수 있는 마음이
다. 처음 만나도 오래 사귄 것 같은 느낌을 주는 부드러움
이며 친근함이다. 지금 신자들 사이에 전염병처럼 번져있
는 것은 이기주의이다. 현대의 신자들은 자기에게 유익한
사람과는 쉽게 사귀고, 자기에게 불리한 사람과는 쉽게
헤어진다.

오래 참음은 천지를 담을 만한 그릇이며, 온유함은 동서
를 이을 만한 밧줄이다. 오래 참음과 온유함은 사실상 하
나님의 두 가지 은혜로우신 성품이다(오래 참음에 대하여
롬 2:4; 딤전 1:16; 온유에 대하여 롬 11:22; 엡 2:7; 딛
3:4). 오래 참음과 온유함은 신적인 것이다. 하나님께 속
한 것이다. 따라서 오래 참음과 온유함은 사람이 스스로
만들어 낼 수 있는 것이 아니다. 이것은 성령께서 주시는
것이다. 사랑이 영적인 것이기에 사랑의 속성인 오래 참
음과 온유함도 성령의 열매일 수밖에 없다(갈 5:22).

이것을 곰곰이 생각해 보아야 한다. 사랑은 영적인 일 가운데 가장 뛰어난 것이다. 오래 참음과 온유함은 사랑의 속성가운데 가장 앞서는 것이다. 그렇다면 사랑의 속성인 오래 참음과 온유함은 성령께서 성도에게 이루시는 성화에 있어서 최고의 단계라고 할 수 있다. 성화에 있어서 최고의 단계는 하나님의 성품을 소유하는 것이다. 성화의 마지막은 하나님의 성품에 참여하여 하나님처럼 되는 것이다(요 10:34-35; 벧후 1:4). 옛날 위대한 신학자들의 말을 빌려 표현하자면 성령의 활동의 절정은 사람이 하나님처럼 되는 데 있다(Irenaeus, Athanasius, Augustinus)! 이 두렵고 떨리는 구원의 신비를 아시는가. 이 구원의 신비 앞에서 요동하며 전율하지 않을 자가 있는가. 있다면 그는 구원의 신비에 대하여 지극히 무지하고 우둔한 자일 것이다.

이제 우리는 오래 참음이 없는 사랑과 온유함이 없는 사랑에 대하여 생각해봐야 한다. 오래 참음이 없는 사랑은 일시적이며 가변적이며 협소하다. 그것은 짧은 사랑이다. 온유함이 없는 사랑은 차별적이며 부분적이며 편협하다. 그것은 홀로 사랑이다. 옛날부터 지금까지 오래 참음과 온유함이 없는 사랑은 천하고, 오래 참음과 온유함이 있는 사랑은 귀하다.

천한 사랑은 무엇인가? 천한 사랑은 하나님 없는 사랑이다. 하나님을 무시하는 사랑이다. 어떤 목적을 위하여 가지는 사랑이다. 목숨을 아끼는 사랑이다. 이것은 유를 무로 만들어 버린다. 결국은 파괴적이다. 천한 사랑은 어둠 속에서 행해지는 사랑이다. 부정한 사랑이다. 이것은 소망을 깨뜨린다. 천한 사랑은 육체만을 즐기는 사랑이다. 동물적이며 사탄적인 사랑이다. 이기적인 사랑이며 타산적 사랑이다. 이것은 자기중심적인 사랑이다. 천한 사랑은 이해 받기만을 좋아한다. 어리석은 부자처럼 자기만을 위하여 쌓는다. 입을 밑 빠진 항아리처럼 벌리고 받아먹기만 하는 사랑이다. 뇌물적인 사랑이다. 천한 사랑은 몹시 인색하다. 천한 사랑은 이간하는 사랑이다. 강한 자에게 수치스럽게 굴복하는 사랑이다.

귀한 사랑은 무엇인가? 귀한 사랑은 하나님을 아는 사랑이다. 하나님을 인정하는 사랑이다. 아무런 목적이 없는 사랑이다. 목숨을 드리는 사랑이다. 무에서 유를 창조하는 사랑이다. 이것은 결국 건설적이다. 귀한 사랑은 빛 가운데서 행해지는 사랑이다. 거룩한 사랑이다. 이것은 소망을 일으킨다. 귀한 사랑은 영혼까지 책임지는 사랑이다. 하나님의 사랑이다. 이타적인 사랑이며 무한한 사랑이다. 이것은 타인중심적인 사랑이다. 귀한 사랑은 이해하기를 좋아하는 사랑이다. 바나바처럼 자기의 재산을 흩어 나누어주는 사랑이다. 손을 끝없는 하늘처럼 벌리고 베풀어주는 사랑이다. 선물적인 사랑이다. 귀한 사랑은 아낌없이 주는 사랑이다. 귀한 사랑은 친화하는 사랑이다. 약한 자에게라도 거리낌 없이 봉사하는 사랑이다.

사랑은 오래 참고 사랑은 온유하다. 이 귀한 사랑이 있을 때 모든 인간의 언어가 아름다운 조화를 이루며, 모든 신앙적인 활동이 가치 있게 되며, 모든 대인적인 사업이 유익하게 된다. 오래 참음과 온유함은 그 다음에 오는 사랑의 모든 요소들을 위한 견고한 기반이다. 오래 참음과 온유함은 사랑을 위한 두 발이다. 오래 참음과 온유함이 없이 사랑은 더 이상 발전할 수도 없고, 더 이상 전진할 수도 없다.

7. 두 갈래 길

시기하지 아니하며
사랑은 자랑하지 아니하며
교만하지 아니하며
(고전 13:4b)

사랑 앞에는 두 길이 있다. 사랑이 가야 할 길이 있다. 사
도 바울은 이것을 위하여 긍정문을 쓴다. 사랑은 오래 참
고 사랑은 온유하다(4상). 오래 참음과 온유의 길. 이것은
사랑이 가야할 좁은 길이다. 사랑이 가서는 안 될 길이 있
다. 왜냐하면 거기에는 여러 가지 걸림돌이 있기 때문이
다. 사도 바울은 이것을 위하여 부정문을 쓴다. 오래 참
음과 온유에 이어 사랑이 행하지 않는 여덟 가지의 내용
들이 열거된다. 사랑은 시기하지 아니하며 자랑하지 아니
하며 교만하지 아니하며 무례히 행치 아니하며 자기의 유
익을 구치 아니하며 성내지 아니하며 악한 것을 생각하지
아니하며 불의를 기뻐하지 아니한다(4하−6상). 사랑이
이 길을 가면 걸려 넘어지고 만다.

먼저 우리는 사랑의 걸림돌 세 가지를 살펴본다. 사랑은 시기하지 않으며 자랑하지 않으며 교만하지 않다(4하). 시기와 자랑과 교만은 모두 경쟁적인 마음과 관련이 있다. 이 세 가지는 다른 사람들에 대하여 비뚤어진 관계를 보여준다. 시기와 자랑과 교만은 사람이 자신의 부족함과 풍족함을 잘못 표현할 때 발생하는 문제이다. 사람은 부족할 때도 있고 풍족할 때도 있다. 그러나 부족함과 풍족함을 인본주의적인 사고로 대처하느냐 아니면 신본주의적인 사고로 대처하느냐에 따라서 완전히 다른 삶이 이루어진다. 인본주의적인 사고를 가지고 부족과 풍족을 대하면 어떤 일이 생기는가. 다른 사람 앞에서 인본주의적인 사고로 자신의 부족을 느끼면 그때부터 질투가 시작되고, 자신의 풍족함을 느끼면 그때부터 자랑과 교만이 시작된다.

시기는 나보다 나은 자에 대하여, 내가 가지지 못한 것을 가진 자에 대하여, 내가 이루지 못한 것을 이룬 자에 대하여 경쟁적인 마음을 가지는 것이다. 예를 들면 성령께서 각 사람에게 알맞은 은사를 주신다는 사실을 잊어버리고, 말씀의 은사를 가지고 있는 자가 믿음의 은사를 가지고 있는 자에 대하여 경쟁적인 마음을 가지는 경우이다 (고전 12:8-9 참조).

시기는 일을 성사시키는 대신 파괴시키고 만다. 질투는

소멸하는 불이다. 사랑은 오히려 나보다 나은 자가 있는 것을 감사하고, 내가 가지지 못한 것을 가진 자를 보면 칭찬하고, 내가 이루지 못한 것을 이룬 자에게는 축하하는 마음이다. 따라서 사랑은 "시기하지 않는다"(4하). 사랑은 "나보다 남을 낫게 여기는 것"이다(빌 2:3). 이것은 그리스도의 마음이다. 사랑은 존경하기를 서로 먼저 하는 것이다(롬 12:10). 사랑은 질투하기보다 오히려 이해하며, 귀히 여기고, 감싸주는 것이다. 이 때문에 시기하지 않는 자 곁에는 사람들이 모인다.

자랑이라는 말은 본래 "바람주머니"라는 단어에서 파생하였다. 바람주머니는 껍데기를 가지고 있지만 알맹이는 가지고 있지 않다. 이것은 겉은 그럴싸한데 속은 텅 비어 있는 모습이다. 자랑은 나보다 못한 자에 대하여, 내가 가지고 있는 것을 가지지 못한 자에 대하여, 내가 이룬 것을 이루지 못한 자에 대하여 뻐기는 마음이다. 이것은 그리스도께서 모든 지체를 귀중히 여기신다는 사실을 알지 못한다는 듯이, 눈이 손더러, 머리가 발더러 내가 너를 쓸데없다고 말하는 경우이다(고전 12:21 참조).

사랑은 낮은 자를 높이고, 가지지 못한 자를 돕고, 이루지 못한 자를 세운다. 이 때문에 사랑은 "자랑하지 않는다"(4하). 사랑은 허영을 가지지 않는다(빌 2:3). 사랑에는 거짓이 없다(롬 12:9). 사랑은 자신을 사실대로 내놓는다. 사랑은 실체이지 허상이 아니다. 그러므로 우리는 자랑하지 않는 사람에게서 사랑을 배운다.

교만이란 말은 본래 "부풀리다"라는 의미이다. 교만은 다른 사람 앞에서 허세를 부리는 것이다. 되지 못하였으면서 된 것처럼, 가지고 있지 않은 것을 가지고 있는 것처럼 과장하는 것이다. 교만은 높은데 마음을 두거나, 스스로 지혜 있는 체 하는 것이다(롬 12:16). 예를 들면 이것은 하나님께서 교회에 다양한 직분을 주셨다는 것을 짐짓 무시하고 사도 아닌 자가 사도인 것처럼, 선지자 아닌 자가 선지자인 것처럼 행동하는 것이다(고전 12:28-30 참조).

사랑은 "교만하지 않다"(4하). 사랑은 겸손한 마음을 가진다(빌 2:3). 사랑은 낮은 데로 흐른다. 예수께서 비하하시듯! 이러한 사랑을 가진 사람을 만나면 언제나 마음이 푸근하고 반갑다.

시기와 자랑과 교만은 고린도 교회의 문제였다. 고린도 교회는 신앙의 지도자들을 들먹이며 그룹을 나누어 질투하고, 하나님 앞에서는 자랑할 만한 육체가 없는데도 불구하고(고전 1:29) 그리스도 대신에 자신을 자랑하고(고전 1:31), 믿음의 표준이 되는 하나님의 말씀을 넘어섬으로써 교만해진(고전 4:6) 교회였다. 고린도 교회는 시기와 자랑과 교만으로 덩어리진 교회였다. 사랑을 잃은 교회였다.

신본주의적인 사고를 가지고 부족과 풍족을 대하면 어떤 일이 생기는가. 신본주의적인 사고를 가지고 자신의 부족을 느끼면 바로 거기에서 고백적인 기도가 시작된다. 신본주의적인 사고를 가지고 자신의 풍족함을 느끼면 바로 거기에서 감사하는 찬송이 시작된다. 야고보는 말했다. "너희 중에 고난당하는 자가 있느냐 저는 기도할 것이요 즐거워하는 자가 있느냐 저는 찬송할지니라"(약 5:13).

하나님을 중심으로 하여 사는 사람은 부족한 상황에서는 더욱 하나님을 의지하고, 풍족한 상황에서는 더욱 하나님께 나아간다. 그는 부족한 상황에서건 풍족한 상황에서건 오직 하나님을 바라볼 뿐이다. 그의 시각은 사람에게 머물지 않는다. 그러므로 하나님을 중심으로 하여 사는 사람은 부족한 상황에서 사람들을 시기할 필요가 없고, 풍족한 상황에서 사람들에게 자랑하거나 교만할 필요가 없다. 그러므로 사랑은 하나님 중심으로 사는 삶이다. 하나님은 사랑이시기 때문이다(요일 4:8,16).

시기와 자랑과 교만은 인본주의적인 것이다. 사랑은 시기하지 않으며 자랑하지 않으며 교만하지 않는다. 사랑은 인본주의적인 사고로 자신의 부족과 풍족을 대하는 삶을 버린다. 사랑은 신본주의적인 사고로 자신의 부족과 풍족을 대하는 삶을 가진다. 사랑은 기도하며 찬송하며 감사한다. 기도와 찬송과 감사는 신본주의적인 것이다. 따라서 사랑은 인본주의적인 사고를 버리고 신본주의적인 사고를 가진다.

사랑 앞에는 두 길이 있다. 사랑이 가야 할 길은 생명의 길이다. 사랑이 가서는 안 될 길은 사망의 길이다. 사랑의 시작자이며 완성자이신 하나님께서 말씀하신다. "보라 내가 너희 앞에 생명의 길과 사망의 길을 두었노라"(렘 21:8). 옛날 초대교회의 한 교훈을 따라 말하자면, "두 길이 있다. 하나는 생명의 길이며, 하나는 길이다. 그러나 이 두 길 사이에는 큰 차이가 있다"(Didache 1,1).

8. 나와 너

무례히 행하지 아니하며
자기의 유익을 구하지 아니하며
성내지 아니하며
악한 것을 생각하지 아니하며
(고전 13:5)

사랑은 사회적이다. 사회의 최소 단위는 나와 너이다. 이
것은 사랑을 이해하는 데 너무나도 중요한 생각이다. 이
생각은 처음부터 계속해서 고린도전서 13장의 밑바닥에
흐르고 있는 깊은 물줄기이다. 이 생각은 이번 단락에서
절정에 이른다. 사도 바울은 사랑이 사회적인 성격을 띠
고 있기 때문에 사랑은 무례함과 자기의 이익을 구하는
것과 성냄과 악한 생각을 거절해야 한다고 지적한다.

　첫째로 사도 바울은 사회적인 사랑의 표면을 다룬다. 그
것은 무례와 자익 (自益)을 거절하는 것이다. 사랑은 "무
례히 행하지 아니하며 자기의 것을 구하지 않는다"(5상).

사랑은 "무례하지 않다." 무례하다는 말은 갖추어야 할 정상적인 형태를 잃어버린 것을 의미한다. 사랑에는 예의가 있다. 사랑은 존중히 여기는 것이다. 사랑은 인격을 존귀하게 인정하는 것이다. 아마도 사랑의 속성에 대한 정의가운데 이것은 우리에게 가장 도전적인 말일 것이다. 말에 있어서 우리에게는 반말과 쌍소리와 욕지거리가 난무하고, 행동에 있어서 우리에게는 방자함과 거칠음과 구타가 횡행하기 때문이다.

얼마 전에 이혼문제로 한 자매와 상담을 한 적이 있다. 두루 대화를 나누다가 나는 남편을 어떻게 생각하느냐고 물었다. 자매는 남편을 친구처럼 생각한다고 대답하였다. 그러면서 한 술 더 떠 말하기를 "우리는 늘 서로 이 자식, 저 자식 하면서 살아 왔어요"라고 덧붙였다. 남편에게 이 자식, 저 자식 한다? 우리의 시대의 부부사랑은 이처럼 천박한가. 부부 사이가 자유롭다는 서양에서도 부부가 서로를 이런 식으로는 대하지 않는다. 사랑은 시간이 갈수록 더욱 예의를 갖추어야 하는 법이다.

상대방을 보석처럼 귀하게 여기면 무례라는 것은 생길 수가 없다. 사랑은 상대방을 보배롭게 존귀하게 여기는 것이다. 사실상 사랑에 있어서 이러한 예의는 성령의 은사이다. 진정한 예의는 하나님의 예의이기 때문이다. 사람을 사랑하는 일에서 하나님께서는 우리에게 가장 큰 본

보기를 보여주셨다. "네가 내 눈에 보배롭고 존귀하며 내가 너를 사랑하였다"(사 43:4). 그러므로 사랑의 예의는 하나님의 은혜를 체험한 사람들에게서 실현될 수 있다.

또한 사랑은 "자신의 것을 구하지 않는다." 위에서 사도 바울은 사랑이 없이 모든 것으로 구제하고 몸을 불사르게 내어주는 자세에 대하여 주의를 준 반면에(3절), 이번에는 사랑을 가지고 있다고 하지만 자신의 유익을 구하는 자세에 대하여 주의를 준다. 사랑은 나를 가난하게 하고 남을 부요하게 하는 것이다. 자기의 일을 돌아보지 않고 남의 일을 돌아보는 것이다. 사랑에는 자기의 유익을 포기하는 희생이 필요하다. 그러나 우리 시대에는 사랑이란 것이 많은 경우에 자기를 부요하게 만들기 위한 것으로 이해되고 있다. 사랑은 출세와 성공과 쾌락을 위한 도구일 뿐이다. 우리의 시대를 지배하고 있는 사랑의 개념은 이처럼 값싼 것이다.

그런데 나를 가난하게 하고 남을 부요하게 하는 사랑은 결코 사람의 노력으로는 이루어질 수 없다. 이러한 사랑은 예수 그리스도의 마음을 가질 때 비로소 가능하다(빌 2:5). 왜냐하면 예수 그리스도께서 진실로 이러한 사랑을 이루셨기 때문이다. 성령을 통하여 예수의 마음이 우리에게 심겨질 때 우리는 이러한 사랑을 실천할 수 있다. 옛날 아브라함의 시대에 의로운 사람 열 명을 찾으시던 하나님께서, 지금 우리 시대에는 남을 돌아보는 사랑을 가진 사람 열 명을 찾으시지 않을까.

둘째로 사도 바울은 사회적인 사랑의 내면을 다룬다. 그것은 성냄과 악한 생각을 거절하는 것이다. 사랑은 "성내지 아니하며 악한 것을 생각하지 아니한다"(5하).

사랑은 "성내지 않는다." 여기에 사도 바울이 사용하는 성낸다는 말은 아주 구체적인 단어이다. 이것은 "사람이 식초 곁에 있다" 또는 "식초를 사람 옆에 두다"라는 뜻을 가지고 있다. 말하자면 이것은 독한 식초의 쏘는 듯한 냄새로 말미암아 후각이 심하게 자극을 받는 것을 의미한다. 그래서 사랑은 성내지 않는다는 말은 사랑은 웬만한 일에 쉽게 자극을 받지 않는다는 것을 나타낸다. 사랑은 눈을 막고, 코를 막고, 귀를 막고, 입을 막는 것이다.

사실상 이것은 사도 바울 자신의 태도에 대한 고백이다. 고린도 교회는 수없이 많은 방식으로 사도 바울을 자극하였다. 고린도 교회에 일어난 지극히 인간적인 분쟁과 이방적인 음행과 세속적인 투쟁과 영적인 혼돈은 사도 바울을 자극하여 성내게 만들기에 충분한 것이었다. 사도 바울로 하여금 "내가 매를 가지고 너희에게 나아가랴 사랑과 온유한 마음으로 나아가랴"(고전 4:21)고 외치게 만들만큼! 그러나 사도 바울은 지금 사랑은 자극 받지 않는 것이며 사랑은 성내지 않는 것이라는 사실을 깨닫고 있다. 사랑은 오래 참고 인내한다. 사랑은 어떤 자극성 있는 것에 의하여 쉽게 성을 내지 않는다. 사랑은 자극성 있는 어떤 언어보다도 어떤 행동보다도 강한 것이다. 그래서 성내지 않는 사랑 앞에서 결국은 자극성 있는 것이 증발해 버리고 만다. 이런 사랑이 인생들을 변화시킨다.

또한 사랑은 "악한 것을 생각하지 않는다." 여기에서 말하는 악한 생각이란 것은 단순히 머릿속에 나쁜 생각을 떠올리는 것을 의미하지는 않는다. 이것은 훨씬 더 적극적인 뜻을 가지고 있다. 이것은 적대심과 보복심을 가리킨다. 고린도 교회의 성도들 사이에는 분쟁으로 말미암아 분열이 심화되고, 세상에서도 찾아 볼 수 없는 음행으로 말미암아 갈등이 고조되고, 법정에서의 소송사건으로 말미암아 원한이 쌓이고, 은사에 있어서 다른 사람들을 멸시하는 일로 말미암아 불화가 늘어나 서로 간에 적대심과 보복심이 증대하였다.

바로 이때 사도 바울은 사랑은 악한 것을 생각하지 않는다고 부르짖는다. 사랑은 악을 미워하며 선에 속하는 것이다(롬 12:9). 그러므로 "악으로 악을 갚지 않고 오히려 선한 일을 도모해야 한다"(롬 12:17). 만일에 사랑을 가지고 악을 악으로 갚는 대신에 선으로 치료하려는 사람이 있다면 고린도 교회는 아직 변화될 가능성이 있다. 그리고 이런 사람이 한 둘이라도 있다면 우리의 시대도 아직 변화될 가능성이 있다.

사랑은 사회적인 성격을 가지고 있다. 사랑은 나와 너의 문제이다. 사랑은 무례함도 자익을 구함도 성냄도 적대감도 모두 버린다. 이러한 사랑은 오직 하나님의 사랑과 예수 그리스도의 사랑을 성령을 통하여 체험할 때 실현된다. 그러므로 사랑은 사회적이지만 영적이다. 사랑은 나와 너의 문제일 뿐 아니라 성령의 문제이다. 사실상 "나"와 "너"의 차이점은 우리말에 있어서 단지 점 하나의 방향 차이일 뿐이다. 모음에 점이 오른쪽에 찍혀 있는가, 왼쪽에 찍혀 있는가에 따라서 "나"와 "너"가 결정된다. 이것은 마음의 점이다. 이 점의 방향을 결정하여 "나"를 "너"되게 하고 "너"를 "나"되게 하시는 분은 성령이시다.

9. 불의를 멀리, 진리를 가까이

불의를 기뻐하지 아니하며
진리와 함께 기뻐하고
(고전 13:6)

적은 누룩이 온 덩어리에 퍼진다. 불의는 누룩과 같아서 금방 번져나간다. 건설보다는 파괴가 쉽듯이 의를 이루는 것보다는 불의를 행하는 것이 훨씬 쉽다. 고린도 교회에는 불의 중에 불의인 음행사건이 있었다. 고린도 교회에 일어난 음행사건은 이방인 가운데서도 찾아볼 수 없는 악독한 것이었다. 음행은 불의를 대표하는 것이다.

그런데 놀랍게도 고린도 교회는 불의를 대표하는 음행사건을 보고도 못 본 체 하고 넘어갔다. 만일에 형제라고 불리는 자가 음행을 하면 그런 자와는 사귀지도 말고 함께 먹지도 말아야 할 터인데, 고린도 교회는 이 엄청난 일

을 통분히 여기지도 아니 하였고, 그 일을 행한 자를 책
망하지도 않았다(고전 5:2). 아마도 고린도 교회는 사랑
이라는 미명 하에 음행을 저지른 사람을 감싸주고, 음행
사건을 덮어주고 말았던 것 같다. 불의를 눈감아 주는 것
은 사랑이 아니다. 그러므로 사도 바울은 이렇게 말한
다. 사랑은 "불의를 기뻐하지 아니하며 진리와 함께 기뻐
한다"(6).

사도 바울은 사랑이 가서는 안 될 길을 설명하기 위하여
여러 차례 부정문을 사용하였는데, 이제 마지막으로 사랑
에 관하여 보다 근본적인 면으로 파고 들어간다. 그것은
사랑이 불의와 진리에 대하여 가지는 관계이다. 사랑은
불의와 진리를 구별할 줄 안다. 사랑은 불의의 색깔과 진
리의 색깔을 구별할 수 없을 정도로 심각한 색맹이 아니
다. 사랑은 불의의 온도와 진리의 온도를 구분할 수 없을
만큼 고장 난 수은주가 아니다. 가로에 서 있는 신호등의
빨간 불과 파란 불을 무시하고 지나가는 운전자처럼 사랑
은 마구 달리지 않는다. 추위에도 더위에도 아무런 반응
을 나타내지 않는 온도계처럼 사랑은 가만히 서있지 않는
다. 진정한 사랑을 위해서는 "사랑에 눈이 멀어"라는 표
현을 사용할 수가 없다. 사랑은 불의를 기뻐할 정도로 무
분별한 것도 아니며, 진리를 싫어할 정도로 어리석은 것
도 아니다.

사랑은 "불의를 기뻐하지 아니하며 진리와 함께 기뻐한다"(6)는 사도 바울의 말속에는 하나님의 속성에 관한 깊은 신학이 숨어있는 것이 틀림없다. 하나님에게는 두 가지 중요한 속성이 있다. 그것은 사랑과 공의이다. 하나님의 사랑은 본유적인 것이다. 사랑은 하나님에게 장식이 아니라 본질이다. 하나님의 사랑은 필연적이다. 하나님에게 사랑은 선택이 아니라 필수이다. 하나님의 사랑은 영원한 것이다. 하나님은 일시적으로 사랑하고 마는 것이 아니라 항구적으로 사랑하신다. 한 마디로 말하자면 하나님의 사랑은 충분한(sufficienter) 것이다. 하나님의 사랑은 세상을 포괄할 만큼, 아들을 보내실 만큼, 영생을 허락할 만큼 충분하다(요 3:16). 그러나 하나님의 두 가지 속성가운데 사랑만을 강조하면 문제가 일어난다. 하나님의 사랑은 하나님의 공의와 짝을 이루기 때문이다.

　하나님의 사랑은 언제나 하나님의 공의와 협의를 한다. 하나님의 사랑 없이 하나님의 공의 만 독자적으로 발동되거나, 하나님의 공의 없이 하나님의 사랑 만 독자적으로 발동되는 법이 없다. 하나님의 사랑 없이 하나님의 공의 만 발동된다면 틀림없이 모든 인간은 이미 지상에서 사라지고 말았을 것이다. 하나님의 공의 없이 하나님의 사랑 만 발동된다면 추측컨대 세상에는 벌써 죄악으로 가득 차고 말았을 것이다.

"하나님의 사랑은 그 행사에 있어서 필연적으로 하나님의 공의의 통제 하에 있다. 따라서 하나님이 하실 수 있는 모든 능력을 발휘하지 않았기 때문에 그의 사랑이 줄어들었다고 항변하는 것은 결과적으로 하나님에게 도덕적인 속성이 있다는 것을 부인하는 것이다… 하나님 되심과 하나님에게 속한 모든 속성으로 인하여 하나님은 옳지 않은 어떤 행위에 자신을 팔아넘기면서까지 자신의 형용할 수 없는 사랑을 허용하지는 않으실 것이다"(Warfield).

하나님의 사랑은 언제나 하나님의 공의와 조화를 이룬다. 그렇지 않으면 하나님의 사랑은 아무에게나 몸을 파는 창녀와 같은 것이 되어버리고 만다. 경찰관이 불량배에게 폭행을 당했을 때 불량배를 감싸주는 것이 사랑이겠는가. 정의의 법정이 범죄자들에게 습격을 당했을 때 그들에게 무죄판결을 내리는 것이 사랑이겠는가. 부모가 자녀에게 수치를 당했을 때 자녀를 감싸주는 것이 사랑이겠는가. 하나님이 인간에 의하여 영광을 탈취 당했을 때 그것을 모르는 척 해버리는 것이 사랑이겠는가. 이 모든 것은 사랑이 아니다. 혹시라도 누군가가 한사코 이러한 행위들에게 사랑이라는 이름을 붙이려고 한다면 그것은 값싼 사랑이요, 천박한 사랑이요, 볼품없는 사랑이다.

하나님의 공의를 상실한 하나님의 사랑은 사랑이 아니다. 사랑일진대 값싼 사랑이요, 천박한 사랑이요, 볼품없는 사랑이다. 하나님의 사랑은 하나님의 공의와 조화를 이룰 때 진정한 가치를 가진다. 공의와 함께 하는 사랑이 효과있는(efficaciter) 사랑이다. 하나님의 사랑은 세상을 포기하지 않는 효과를, 아들을 화목제물로 만드는 효과를, 영생을 허락하시는 효과를 발휘한다.

사도 바울은 하나님의 두 속성인 사랑과 공의의 조화에 관한 신학에 근거하여 사랑은 "불의를 기뻐하지 아니하며 진리와 함께 기뻐한다"(6)고 말하고 있는 것이다. 사랑은 불의를 멀리하고 진리를 가까이 한다. 사랑은 불의와 손을 끊고 진리와 손을 잡는다. 사랑은 불의 곁에 서지 않는다. 사랑은 진리 곁을 떠나지 않는다. 사랑은 불의에 거슬려 싸우며, 진리를 위하여 싸운다.

고린도 교회는 지금 세상에서도 그 유례를 찾아볼 수 없는 음행사건을 슬그머니 지나쳐 버리고 말았다. 고린도 교회는 색깔을 구분하지 못하는 색맹처럼, 온도를 분별하지 못하는 수은주처럼 불의 중에 불의인 음행사건을 못본 듯이 넘어가 버리고 말았다. 고린도 교회는 육신에 속한 교회이다. 어린아이와 같은 교회이다. 젖이나 먹고 밥도 못 씹을 연약한 교회이다. 사람을 따라 행하고 하나님의 은혜를 잊은 교회이다. 고린도 교회는 신학도 결여하고 윤리도 상실한 지극히 기독교적인 집단이다. 기독교적인 집단!

사도 바울은 이런 기독교적인 집단인 고린도 교회를 향하여 사랑은 "불의를 기뻐하지 아니하며 진리와 함께 기뻐한다"(6)고 말하고 있는 것이다. 사도 바울은 사랑이 무엇인지를 정확하게 적어 보내고 있다. 왜? 고린도 교회가 스스로 자신과 싸우도록 하기 위하여. 자신과 싸우도록! 고린도 교회는 진정한 사랑이 무엇인지를 배움으로써 자신을 변화시켜야 한다. 고린도 교회는 불의를 기뻐하지 않으며 진리와 함께 기뻐하는 사랑으로 교회를 변화시켜야 한다.

사랑은 불의한 교회를 진리의 교회로 변화시키는 능력이다! 사랑은 불의를 파괴하는 세력이며, 진리를 건설하는 능력이다! 그러므로 사랑은 온 덩어리에 퍼지는 적은 누룩을 용납하지 않는다.

10. 사랑의 사중주, 사랑의 사계절

모든 것을 참으며
모든 것을 믿으며
모든 것을 바라며
모든 것을 견디느니라
(고전 13:7)

이제 더 이상 사랑의 성격에 대하여 열거할 수 없다. 사랑
의 성격에 대하여 더 이상 열거하려면 끝도 한도 없을 것
이다. 그렇다고 해서 이대로 이야기를 끝마치거나 "기타
등등" 따위의 말로 대충 얼버무리기에는 아직도 사랑에
대하여 진술할 말이 너무나 많이 남아 있다. 이대로 끝맺
기에는 서운하고 더 이상 계속하기에는 여백이 없고... 어
떻게 할 것인가. 이처럼 어중간한 지점에서 사도 바울은
가장 놀라운 기교를 발휘한다. "모든 것"을 네 번 사용하
여 두 단어씩으로 이루어진 네 문장을 만든다(그리스어에
서). "모든 것을 참는다. 모든 것을 믿는다. 모든 것을 바
란다. 모든 것을 견딘다"(고전 13:7).

이렇게 하여 가장 완벽한 사중주를 만든다. 사랑의 사중주. 이렇게 하여 영원히 끝나지 않는 사계절을 만든다. 사랑의 사계절. 사랑은 작아지거나 지워지거나 사라지거나 없어지거나 하지 않는다. 사랑은 갈수록 극대화되는 것이며, 한없이 연결되는 것이다. 사랑은 천상천하를 담는 절대적 만사이며, 사랑은 동서남북을 잇는 완벽한 사방이다. 사랑에는 언제나 극대와 최고가 있을 뿐이다. 마치 정상에 올라서면 끝없이 펼쳐지는 고원처럼. 사랑은 가장 큰 양보, 가장 큰 신뢰, 가장 큰 소망, 가장 큰 인내이다.

사랑은 모든 것을 참는다. "참는다"는 말은 잘못인 줄을 알면서도 못 본 채 그냥 지나쳐 버리는 것을 의미하지 않는다. 사도 바울은 "모든 것을 참는다"는 똑같은 표현법을 이미 이 편지의 앞에서 사용한 바 있다(고전 9:12). 이것에 근거하여 이 단어의 뜻을 설명할 수 있다.

"참는다"는 말은 권리주장을 포기하거나 제한하는 것을 의미한다. 바울은 사도로서의 권리를 성도들에게 주장할 수 있으나 그것을 포기하며 제한한다. 비록 권리를 다 사용하지 못하지만 이에 대하여 불만하지 않는다. 마치 언제나 다른 악기들 사이에 숨어 자신의 음성을 죽이며 부끄러운 듯이 소리를 내는 비올라처럼. 마치 여름과 겨울 사이에서 있는 듯 마는 듯 슬그머니 사라지는 가을처럼. 사랑은 자신을 양보한다. 사랑은 손해를 감내한다.

사랑은 참는다. 눈망울을 보면 알 수 있다. 사랑하는 사람들이 서로 자기 권리를 다 주장하면 파멸이 일어난다. 이에 대한 가장 좋은 실례는 부부관계에서 찾을 수가 있다. 남편이 자기의 권리만을 주장하여 아내를 짓밟으면, 아내가 자기의 권리만을 주장하여 남편을 팽개치면 가정은 파괴되고 만다. 이것은 사회의 모든 부분에 해당되는 사회적인 원리이다.

사랑은 모든 것을 믿는다. 사도 바울이 여기에서 말하는 믿음은 종교적인 신앙을 의미하기보다는 사회적인 신뢰를 의미한다. 이것은 인간 사이에 일어나는 신뢰관계를 가리킨다. 옛날에 예루살렘의 교부 제롬(Jerome)은 이 구절을 라틴어로 이렇게 번역했다. omnia credit(모든 것을 믿는다). 제롬이 사용한 "믿는다"(credo)라는 말은 본래 "심장"(cor)이란 단어와 "주다"(do)라는 단어를 결합하여 이루어진 것이다. 신뢰하는 것은 심장을 내놓는 것이다! 심장을 드리지 않는 사랑이란 것은 헛되다(신 6:5 참조). 다윗과 요나단의 사랑을 위하여 적은 저 유명한 활 노래를 생각해 보라. "내 형 요나단이여 내가 그대를 애통함은 그대는 내게 심히 아름다움이라 그대가 나를 사랑함이 기이하여 여인의 사랑보다 더하였도다"(삼하 1:26).

사랑은 열정이다. 사랑은 여든 여덟 개의 흰색, 검은 색의 모든 건반을 오르내리며 악보를 불태우는 피아노이다.

사랑은 대지를 붉게 익히며 대기를 뜨겁게 덥히는 작열하는 태양을 지닌 여름이다. 사랑 앞에서 불신은 스러진다. 불신은 사랑의 적이며, 신뢰는 사랑의 벗이다. 신뢰가 없는 사랑만큼 괴로운 것이 없다. 이글거리는 눈동자를 가지라.

 사랑은 모든 것을 바란다. 사랑은 모든 것을 신뢰하기에 또한 모든 것을 소망한다. 지금은 믿을 수 없는 일이라도 언젠가는 진실이 밝혀질 것을 기다린다. 그러므로 사랑은 모든 것을 믿으며 모든 것을 바란다. 모든 것이 밝히 이해될 것을 기다린다. 사랑에는 낙망이란 것이 없다. 사랑은 마음껏 당김음을 사용하는 명랑하고 경쾌한 바이올린과 같다. 사랑은 꿈꾸듯이 노란색으로 온 세상을 장식하는 봄과 같다. 그러므로 사랑은 생동력이다. 사랑은 어둠을 밝음으로 바꾸며, 병약함을 건강함으로 옮기며, 죽음을 생명으로 변화시키며, 절망을 희망으로 뒤집는다. 여기에 사랑의 능력이 있다.

 사랑은 지금에 머물지 않는다. 사랑은 미래를 현재화시키는 것이다. 사랑은 현재에서 미래를 체험한다. 어둠에서 밝음을, 병약함에서 건강함을, 죽음에서 생명을, 절망에서 희망을 체험한다. 사랑에게 미래는 언제나 현재일 뿐이다. 여기에 사랑의 힘이 있다. 그리스도인들이여 이렇게 살아가라. 빛나는 눈빛을 가지라.

사랑은 모든 것을 견딘다. "견딘다"는 말은 자주 핍박의 상황과 연결된다. 말하자면 핍박에서의 인내를 나타낸다 (롬 12:12 참조). 사랑은 심지어 핍박을 받는 자리에서도 발동된다. 물리적인 방식과 정신적인 방식을 다 동원하여 핍박이 올 때도 사랑은 존재한다. 왜냐하면 진정한 사랑은 원수를 사랑하며, 핍박하는 자를 위하여 기도하기 때문이다(마 5:44). 사랑은 예수의 마음을 본받는 것이다. 진정한 사랑은 원수가 굶주리면 먹이고 목마르면 마시게 하는 것이다(롬 12:20). 사랑은 바울의 교훈을 따르는 것이다.

사랑의 인내는 기도로 실천되며, 구제로 실행된다. 따라서 사랑은 고통이다. 사랑에는 고통이 수반된다. 저 첼로가 애처롭게 흐느끼며 고통의 소리를 감내하듯이. 칼날처럼 날카로운 얼음조각으로 이루어진 눈발을 견디는 겨울처럼. 사랑에는 뜨거운 눈물이 필요하다. 원한으로 가득찬 영혼을 녹이는 뜨거운 눈물과 복수를 준비하는 손발을 부드럽게 하는 뜨거운 눈물이 필요하다.

고린도 교회는 사랑의 사중주에서 실패작이었다. 고린도 교회는 사랑의 사계절에서 이탈자였다. 모든 것이 가하다고 생각하면서 자기의 권리만을 주장하는 이기적인 교회이며(고전 10:23-24), 자기의 패거리를 옹호하기 위하여 다른 이들을 믿지 못하는 불신적인 교회이며(고전 1:12-13), 부활의 미래를 알지 못하기에 "내일 죽을 것이니 먹고 마시자" 노래하는 현세적인 교회이며(고전 15:32), 잘잘못을 가리기 위해서라면 세상법정에라도 서슴지 않고 나아가지만 형제를 위해서는 조금치도 뜨거운 눈물을 흘릴 줄 모르는 인내심 없는 교회이다(고전 6:1). 사랑은 가장 큰 양보, 가장 큰 신뢰, 가장 큰 소망, 가장 큰 인내인데...

하지만 사도 바울은 사중주의 실패작 같은 고린도 교회를, 사계절의 이탈자 같은 고린도 교회를 바라보며 굳게 결심하고 있다. 연주하리라, 다시 사랑의 사중주를! 연결하리라, 다시 사랑의 사계절을!

11. 일시 속의 영원

사랑은
언제까지나 떨어지지 아니하되
예언도 폐하고
방언도 그치고
지식도 폐하리라
(고전 13:8)

11. 일시 속의 영원

사랑이야기. 이것은 짧은 말속에 담긴 긴 이야기이며, 짧은 글 속에 적힌 오랜 묵상이다. 만일에 사도 바울의 자필 편지가 남아 있어 들여다 볼 수 있다면, 사랑에 대한 이 글은 한 글자 한 글자 매번 잉크를 다시 찍어 쓴 힘 있는 글임을 발견하리라. 한 글자를 쓰고 그 다음 글자로 넘어가려면 종이 위에서는 잉크가 아직 선명하게 액체로 남아 있어도 머릿속에서는 벌써 많은 사색이 지나갔을 것이다. 사도 바울의 손은 잉크가 채 마르기도 전에 그 다음 자를 썼겠지만, 그의 머릿속에는 영원을 헤아리는 생각이 들어 있었다.

사도 바울은 문단을 바꾼다. 지금까지는 사랑의 속성에 대하여 말했는데, 이제부터는 사랑을 여러 가지 은사들과 비교함으로써 그 성격을 밝힌다. 사도 바울은 고전 13:8-12에서 사랑을 예언과 방언과 지식과 비교한다. 서론적으로 이렇게 말한다: "사랑은 언제까지나 떨어지지 아니하나 예언도 폐하고 방언도 그치고 지식도 폐하리라"(고전 13:8). 사도 바울은 이 말을 가지고 무엇을 나타내려고 하는가?

사도 바울이 이 말을 가지고 가장 먼저 보여주고 싶었던 것은 사랑과 은사의 관계이다. 사도 바울은 고린도 교회가 자랑하는 가장 중요한 은사 세 가지를 말한다. 예언과 방언과 지식이다. 고린도 교회는 은사의 교회이다. 사도 바울은 고린도 교회의 은사에 대하여 크게 칭찬하였다. "너희가 그 안에서 모든 일 곧 모든 언어와 모든 지식에 풍족하므로... 너희가 모든 은사에 부족함이 없다"(고전 1:5,7). 그러나 문제는 고린도 교회가 은사로 풍족한 교회이지만, 사랑으로 풍족한 교회는 아니라는 데 있다. 사도 바울의 눈에는 두 종류의 교회가 비치고 있다. 은사로 이루어진 교회와 사랑으로 이루어진 교회. 은사의 교회와 사랑의 교회.

은사로 이루어진 교회에서는 내가 부각되며 남이 무시된다. 그래서 경쟁과 소외가 생긴다. 사랑으로 이루어진 교회에서는 내가 사라지고 남이 드러난다. 따라서 협력과 참여가 생긴다. 은사로 이루어진 교회는 겉으로 볼 때 영적이지만 사실은 인간적이며, 사랑으로 이루어진 교회는 겉으로 볼 때 물질적이지만 사실은 신적이다.

그러므로 사랑은 언제까지 떨어지지 아니하나 은사들은 폐하고 만다. 사랑을 가지고 보면 그처럼 위용 있고 신기하고 대단한 은사들도 모두 시시하고 가벼운 것으로 여겨진다. 하나님 앞에 서 있는 인간과 같다. 사랑은 이렇게 놀라운 능력을 지닌다.

내친 김에 한 마디 더해 볼까. 예나 지금이나 은사중심의 교회들은 두 가지 현상을 나타낸다. 첫째는 금욕주의적인 현상이다(asceticism). 은사를 사모하는 교회는 세상으로부터 탈출하여 담을 쌓고 자신들만을 위한 공동체를 만든다. 범죄에 참여하지 않기 위함이다. 범죄무참여주의. 사도 바울의 말대로 하자면 이런 교회는 "세상 밖으로 나가야 할 것이다"(고전 5:10). 둘째는 방종주의적인 현상이다(libertinism). 은사를 강조하는 교회는 자신들이 죄의 침범을 받지 않는다고 주장하며 세상에서 함부로 행동한다. 범죄불침범주의. 이 때문에 사도 바울은 고린도 교회가 악독한 음행자를 용인하는 것을 보고는 "어찌하여 그 일 행한 자를 너희 중에서 쫓아내지 아니하였느냐"(고전 5:2)고 질책하였다.

오늘날 많은 교회들이 은사중심으로 나아감으로써 이와 비슷한 잘못을 저지르고 있다. 자기 울타리를 치고 틀어박혀 북 치고 장구 치는 비사회적인 교회들, 온 세상을 휘젓고 다니면서 문화를 오염시키는 반사회적인 교회들. 그래도 다행인 것은 사랑을 강조하는 교회들도 꽤 있다는 점이다. 물론 실제로는 은사의 교회이면서도 이름만은 사랑의 교회인 것도 많이 있지만. 진정한 그리스도인은 은사적인 사람이 되는 것이 아니라, 사랑의 사람이 되는 것이다!

사랑은 가장 큰 은사인데 이에 도달하기 위하여 예언이나 방언이나 지식이나 어떤 은사들을 거쳐야 하는 과정이 필요하지 않다. 아무런 과정을 거치지 않아도 바로 가장 큰 은사인 사랑에 도달할 수 있다. 이것은 신비한 일이다. 바로 여기에 기독교가 최고의 종교적인 수준에 도달하기 위해서는 여러 어려운 단계를 거쳐야 하는 일반종교와 다른 점이 있다.

그러면 사도 바울은 사랑과 은사를 어떻게 비교하는가? 사랑은 "언제까지나 떨어지지 않는다". 한 마디로 말해서 사랑은 영원하다. 그러나 은사들은 "폐하고 그친다". 다시 말하자면 은사들은 일시적이다. 사도 바울은 이렇게 사랑을 말하면서 영원과 시간의 문제를 다룬다. 사도 바울은 은사들의 일시성을 강조하기 위하여 아주 강한 어조의 단어들을 사용한다. "폐한다"는 말은 더 이상 쓸 일이 없다는 것이다. "그친다"는 것은 더 이상 갈 길이 없다는 것이다. 은사들에게는 폐지와 정지가 선언될 것이다. 아무리 위대한 예언이라도, 아무리 신비한 방언이라도, 아무리 놀라운 지식이라도 폐지되고 정지할 것이다. 모든 은사는 시한부이다.

그러나 사랑은 영원을 교훈한다. 사랑은 영원을 제시한다. 사랑의 눈을 가지고 있으면 영원을 뚫어보게 된다. 사랑만이 영원을 이해시킨다. 사랑하는 사람은 영원까지 손을 뻗치며, 영원까지 발이 닿는다. 사랑하는 사람은 영원의 하늘에 오른다. 언제까지나 하늘아래 옹기종기 몰려있는 저 낮은 산들을 벗어난다. 웅대한 하늘에 도달한다. 사랑하는 사람은 영원의 바다에 이른다. 변함없이 골짜기 골짜기를 타고 실낱처럼 흐르는 강들을 벗어난다. 광활한 바다에 다다른다. 세계가 달라진다. 다른 세계에 참여한다. 예언이니 방언이니 지식이니 하는 올망졸망한 은사들의 세계에서 무한무변(無限無邊)한 영원의 세계로 진입한다.

예언과 방언과 지식과 이런 종류의 은사들을 가지고 서로간에 크거니 작거니 아웅다웅 다투는 시간의 세계에서 영원을 맛보는 법은 무엇인가? 일시의 세계에서 영원을 체험하는 법은 무엇인가? 그것은 사랑을 소유하는 것이다. 어거스틴은 "누가 인간의 마음을 붙잡아 고요히 머물러 있게 하여, 과거나 미래의 시간이 아닌, 즉 항상 머물러 있는 저 영원이 어떻게 과거와 미래의 시간을 지시하시는지 알아볼 수 있게 하겠습니까"(Augustinus, 고백록 11권 11장)라고 물었는데, 그것은 사랑이다.

사랑을 소유하는 사람은 일시의 세계에서 영원을 체험한다. 사랑을 통하여 영원을 체험한 사람에게는 놀라운 일이 생긴다. 영원을 맛보는 사람은 시간과 공간으로 꽉 짜여 숨 막힐 듯한 일시를 사랑하지 않는다. 그대도 이 영원에 참여하고 싶지 않은가. 떨쳐버려라, 떨쳐버려라 일시의 세계를. 나아가라, 나아가라 영원의 세계로. 영원을 가진 사람으로서 일시를 살아가라. 은사는 잠깐이나 사랑은 영원하다.

12. 기독교적 사대주의

우리는
부분적으로 알고
부분적으로 예언하니
온전한 것이 올 때에는
부분적으로 하던 것이 폐하리라
(고전 13:9-10)

사도 바울은 고전 13:8-12에서 사랑을 예언과 방언과 지식과 비교한다. 앞에서는 사랑과 은사들을 영원과 일시라는 개념으로 비교하고(고전 13:8), 이제는 부분과 온전이라는 말로 비교한다. "우리는 부분적으로 알고 부분적으로 예언하니 온전한 것이 올 때에는 부분적으로 하던 것이 폐하리라"(고전 13:9-10).

사도 바울은 여기에서 특히 지식과 예언을 다룬다. 지식과 예언은 아무리 위대한 은사라 할지라도 부분적인 것에 지나지 않는다. 고린도 성도들이 가지고 있는 영적인 지식이란 것은 하나님의 비밀을 알아내는 데 지극히 작은 것이요, 영적으로 행하는 예언이라는 것은 하나님의 세계를 들여다보는 데 지극히 미미한 것이다. 부분적인 지식은 또 다른 지식이 오면 폐기되며, 부분적인 예언이란 것은 또 다른 예언이 오면 포기된다. 한 부분이 다른 부분에 의하여 극복되는 것, 이러한 일은 사실상 모든 분야에 항상 일어나는 현상이다. 국가의 형태에 있어서도 그러하고, 경제의 구조에서도 그러하며, 학문의 영역에서도 그러하다.

이때 두 가지 현상이 발생한다. 어떤 이는 자신이 처해 있는 부분적인 것에 만족하여 안주하거나, 어떤 이는 현재의 부분적인 것에 만족할 수 없어서 또 다른 부분적인 것을 만들어내는 데 힘을 기울인다. 다시 말하자면 기존하는 부분적인 것에 보수적인 입장을 취하는 이가 있는가 하면, 다가오는 부분적인 것에 진보적인 입장을 취하는 이가 있다는 것이다. 변화에의 거절과 변화에의 환영이라는 양극적인 현상이다.

놀랍게도 이러한 현상은 우리의 기독교 안에서도 일어난다. 오늘날 우리의 기독교는 항상 새로운 것을 추구하는 성향을 보이고 있다. 우리가 자주 사용하는 "갱신"이라는 단어가 함유하고 있는 것은 기독교의 어느 한 부분을 다른 부분으로 대치하려는 시도 외에 아무것도 아니다. 기독교는 항상 부분적인 것과의 싸움에서 벗어나지를 못하고 있다. 그러므로 기독교 내에서는 여러 가지 부분들이 변형에 변형을 거듭하고 있다. 예배에서도, 찬양에서도, 선교에서도, 문서에서도... 언제나 부분적인 것을 고집하고 부분적인 것을 개혁한다. 우리는 결국 부분적인 것에 속한 존재로서 끝나고 마는 것이다. 더 이상 출구가 없다.

그런데 이보다도 더 불행한 것은 이처럼 부분적인 것을 변화시키는 우리의 방법이 대체적으로 서양의 기독교에 의하여 영향을 받는다는 점이다. 서양에서 행해지는 많은 방식의 기독교적인 행위들이 여과 없이 우리에게 수입된다. 캐나다에서 성공한 무슨 집회의 열정이라든가, 미국에서 흥왕하는 무슨 교회의 예배라든가, 남미에서 일어나는 무슨 단체의 열심이라든가, 유럽의 무슨 기관이 행하는 신비한 모임이라든가... 이런 것들이 정확한 검토 없이 그대로 우리의 교회에 침투한다. 이른 바 기독교적인 종교침략. 이것은 우리가 일반적으로 이래서는 안 된다고 그렇게도 목소리를 높여서 비판하는 사대주의의 일면이다. 한 마디로 말해서 기독교적인 사대주의!

우리의 교회는 지금 철저하게 기독교적인 사대주의에 감염되어 있다. 이것은 우리도 모르게 병들어 있는 기독교적인 식민주의이다. 왜 이렇게도 서양의 기독교적인 방식을 받아들이는 데 **빠를까**. 성급할까. 내로라하는 기독교의 지도자들아, 기독교적인 사대주의에서 떠나라. 떠나라! 한 부분을 다른 부분으로 변화시켜보려는 생각은 너무나 얄팍하고 그래서 부끄럽기 그지없다.

성경이 영원한 하나님의 계시라는 것을 믿는다면, 왜 성경 속에서 오늘날 우리의 기독교를 위한 표준적인 모든 방식을 찾아내려 하지 아니하고, 먼저 서양교회들에게 눈을 돌리는가? 왜 우리는 기독교의 불변하는 방식에 대하여 성경이 무엇을 말하는가 알려고 하는 데는 관심이 없고, 서양교회들이 무엇이라고 말하는가 하는 데는 그렇게 높은 관심을 나타내는가? 물론 서양교회들이 추구하는 것들은 모두 비성경적이며 세속적이라는 말은 아니다. 서양교회들이 추구하는 것들 가운데도 성경에 일치하고 경건한 것은 얼마든지 많이 있다. 그러나 기독교의 모든 행위에 있어서 서양교회가 성경을 표준으로 삼는 만큼 우리도 성경을 표준으로 삼는다. 그렇다면 먼저 우리가 관심해야 할 것은 성경의 진술이지 서양교회의 주장이 아닌 것이다.

우리는 부분으로 부분을 극복하는 방식을 버려야 한다. 왜냐하면 심지어 영적인 지식과 예언까지도 부분적인 것에 불과하기 때문이다. 부분을 추구하는 사람들은 항상 변동적일 수 밖에 없다. 부분을 추구하는 사람들은 한 부분을 성취하고 나면 또 다른 부분으로 나아가고, 그곳에 도달하면 또 다른 부분으로 이동하는 이처럼 끊임없이 연속되는 순례의 길을 갈 뿐이다. 정착은 없다. 이러한 의미에서 항상 부분으로 부분을 극복하려는, 그래서 언제나 또 새롭고 신선한 부분이 등장할까 기다리고 있는 우리의 기독교에서는 정착이란 것을 기대해 볼 수가 없다. 우리의 기독교는 끊임없는 변화 앞에서 불안하게 서 있다.

이제 우리가 추구해야 하는 것은 부분적인 것이 아니라 온전한 것이다. 우리가 거부해야 할 것은 부분성이요 우리가 추구해야 할 것은 온전성이다. 그러므로 사도 바울은 벌써 오래 전에 이렇게 말했던 것이다. "온전한 것이 올 때에는 부분적으로 하던 것이 폐하리라"(고전 13:9). 진정으로 부분적인 것을 극복할 수 있는 것은 온전한 것뿐이다. 사도 바울이 말하는 "온전한 것"은 무엇인가? 그것은 사랑이다. 사랑은 온전하다. 여기에 "온전하다"는 말은 두 가지 의미를 가진다. 첫째로 "온전하다"는 아무런 결손이 없다는 의미이다. 사랑에는 아무런 결손이 없다. 사랑에는 부족함이 없다. 이러한 의미에서 사랑은 완전하다. 둘째로 이것은 "온전하다"는 아무런 종국이 없다는 의미이다. 사랑에는 끝이 없다. 이러한 의미에서 사랑은 완전하다.

사랑의 무결함성과 무종국성을 합해서 말하자면 사랑은 모든 부분적인 것을 포괄하는 총체적인 성격을 띤다는 것을 알 수 있다. 사랑은 모든 공간과 시간에 존재한다. 사랑이 존재하지 못할 영역이 있을 수 없으며, 사랑이 존재하지 못할 시간이 있을 수 없다. 사랑은 일시에 내재하고 있는 영원이며, 부분에 포함되어 있는 전체이기 때문이다. 이 때문에 우리는 부분적인 것들에만 전념하고, 온전한 것에는 무심한 성향을 버려야 한다. 부분적인 것은 지식이건 예언이건 모두 폐기된다. 오직 온전한 것인 사랑만이 남는다. 그러므로 그리스도인들이여, 우리의 심령을 간지럽게 하는 부분적인 은사들에 매이지 말고, 우리의 심령을 풍성하게 하는 온전한 사랑에 참여하자. 전체를 소유한 사람은 부분을 떨쳐버리는 것을 두려워하지 않는다. 은사는 부분이며 사랑은 전부이다.

13. 어린이와 어른

내가
어렸을 때에는 말하는 것이
어린아이와 같고
깨닫는 것이 어린아이와 같고
생각하는 것이 어린아이와 같다가
장성한 사람이 되어서는
어린아이의 일을 버렸노라
(고전 13:11)

한 단락(고전 13:8-12)을 할애하여 사랑을 예언과 방언과 지식이라는 은사들과 비교하는 사도 바울은 첫째로 영원과 일시라는 개념으로(고전 13:8), 이어서 부분과 온전이라는 개념으로(고전 13:9-10) 비교하고 나서, 이제는 어린이와 어른이라는 개념으로 비교한다. "내가 어렸을 때는 말하는 것이 어린아이와 같고 깨닫는 것이 어린아이와 같고 생각하는 것이 어린아이와 같다가 장성한 사람이 되어서는 어린아이의 일을 버렸노라"(11절).

사도 바울은 어린아이의 일과 관련하여 세 가지를 설명한다. 그것은 말과 깨달음과 생각하는 것이다. 어린이의 말은 원시적이다. 어휘는 제한된다. 문장은 간단하다. 내용은 조잡하다. 발음은 어눌하다. 어린이의 말은 주로 보채는 것, 졸라대는 것, 칭얼거리는 것, 흉내 내는 것, 무의미한 것, 이런 것들이다. 어린이의 깨달음은 부분적이다. 지혜가 부족하다. 상식이 통하지 않는다. 이해를 구하지 않는다. 통찰이란 것이 없다. 또한 어린이의 깨달음은 대체로 느리고, 천박하고, 유치하고, 수준이 낮고, 우스운 것이다. 게다가 어린이가 생각하는 것은 단편적이다. 사상은 없다. 개념이 불분명하다. 이론이 성립되지 않는다. 조리가 결여된다. 체계가 서지 않는다. 어린이의 생각은 자기중심적이고, 이기적이고, 배타적이고, 비사회적이다.

어린아이의 말과 깨달음과 생각하는 것으로 사도 바울은 은사를 설명한다. 은사라는 것은 어린아이의 일과 같다. 예언이니 방언이니 지식이니 하는 은사를 가진 사람들은 어린아이와 같다. 어린아이의 입술이 언제부턴가 갑자기 말을 시작하는 것을 볼때 알 수 있듯이, 언어를 할 수 있다는 것은 신기한 일이다. 어린아이의 두뇌가 언제부턴가 갑자기 생각을 하는 것을 볼 때 알 수 있듯이, 생각을 할 수 있다는 것은 놀라운 일이다.

어린아이에게 언어와 생각이 주어짐으로써 드디어 사람다운 모습을 보이기 시작하듯이, 그리스도인에게 은사가 주어짐으로써 드디어 그리스도인다운 모습이 보이기 시작한다. 말할 수 없는 어린아이와 생각할 수 없는 어린아이는 인간임에도 불구하고 아직 인간의 참 모습을 나타내지 못하고 있는 것이다. 마찬가지로 은사를 사용하지 못하는 그리스도인들은 그리스도인임에도 불구하고 아직 그리스도인의 참 모습을 드러내지 못하고 있는 것이다.

  하지만 언어는 시작되면 발전해야 하며, 생각은 시작되면 성장해야 한다. 많은 시간이 흘러갔음에도 불구하고 언어를 구사할 때 여전히 제한된 어휘와 간단한 문장과 조잡한 내용과 어눌한 발음을 가지고 있다면 그것은 문제가 있는 것이다. 시간이 많이 지나갔음에도 불구하고 생각을 표현할 때 지혜가 부족하고 통찰이 없고 이론이 성립되지 않고 체계가 서지 않는다면 그것은 문제가 있는 것이다. 은사를 고집하는 것은 발전이 없는 어린아이의 언어와 같으며, 성장하지 않는 어린아이의 생각과 같다. 은사를 고집하는 사람은 언제나 같은 생각과 같은 말을 반복하는 어린아이와 같다.

  도대체 언제 어린아이가 어른으로 변신하는가? 육체가 발육하고 성장한다고 해서 어른이 되는 것은 아니다. 영양이 좋은 음식물을 섭취하여 신체가 자라고, 성능이 좋은 시설물로 운동을 하여 근육이 단단해진다고 해서 어른이 되는 것이 아니다. 육체는 자연적으로 자라지만 정신은 자연적으로 자라지 않는다. 도대체 언제 어린아이가 어른으로 변신하는가. 그것은 사랑을 가지는 순간부터이다. 사랑을 가질 때 어린이는 어른이 된다.

사랑은 어린이와 어른을 구별하는 분기점이다. 사랑은 어린이를 어른으로 변화시키는 능력이다. 사랑할 때 사람은 드디어 고민하게 된다. 언어에 고민이 생기고, 깨달음에 고통이 일어나고, 생각하는 것에 고뇌가 따라온다. 사랑할 때 언어가 변한다. 어린아이와 같이 보채고 졸라대고 칭얼거리고 흉내 내고 무의미한 것을 말하는 것을 버리고 달래고 위로하고 아름답고 독창적이고 가치 있는 것을 말하게 된다. 사랑할 때 깨달음이 변한다. 어린아이와 같이 깨닫는 것이 느리고 천박하고 유치하고 수준이 낮은 것을 버리고 깨닫는 것이 빠르고 고상하고 고급하고 질 높은 것으로 변한다. 사랑할 때 생각하는 것이 변한다. 어린아이와 같이 자기중심적이고 이기적이고 배타적이고 비사회적이던 생각을 버리고 타인중심적이고 자기포기적이고 이타적이며 사회적인 생각을 가지게 된다.

사랑은 언어를 변화시키며, 깨달음을 발전시키며, 생각하는 것을 성장시킨다. 사랑은 어린아이를 어른으로 만든다. 사랑은 사람의 눈빛을 빛나게 하며, 얼굴에 미소를 띠게 하며, 신체를 정결하게 하며, 행동을 점잖게 만든다. 사랑하는 사람은 드디어 어린아이의 티를 벗고 어른의 모습을 가지게 된다. 그러므로 사랑의 위력은 변신에 있다. 사랑은 어린아이를 어른으로 변화시키는 능력이다.

사도 바울은 고린도 교회가 아직도 어린아이의 일을 버리지 못한 것에 대하여 안타까워한다. "형제들아 내가 신령한 자들을 대함과 같이 너희에게 말할 수 없어서 육신에 속한 자 곧 그리스도 안에서 어린아이들을 대함과 같이 하노라 내가 너희를 젖으로 먹이고 밥으로 아니하였노니 이는 너희가 감당하지 못하였음이거니와 지금도 못하리라"(고전 3:1-2). 고린도 교회가 아직도 문제가 많은 것은 은사가 없기 때문이 아니라 사랑이 없기 때문이다. 고린도 교회에는 어린아이들로 가득 차 있고 진정한 어른이 없었다.

오늘날 우리 사회에 있어서 정치와 경제를 비롯한 모든 분야가 혼란스러운 것도 어린아이의 일을 버리지 못한 사람들이 너무나 많기 때문이다. 우리의 사회에는 진정한 어른이 없다. 어른이 되는 것은 나이가 많다고 해서, 신분이 높다고 해서, 재물이 많다고 해서, 학식이 깊다고 해서 되는 것이 결코 아니다. 오직 사랑이 있을 때 사람은 어른이 된다. 아, 우리의 사회는 언제나 어린아이의 일을 버리고 장성한 사람이 될까.

마찬가지로 오늘날 교회가 지니고 있는 최대의 문제점

은 진정한 어른이 없다는 것이다. 신기한 언어를 할 수 있는 사람은 많고, 놀라운 비밀을 열 수 있는 사람은 많고, 오묘한 지식을 펼 수 있는 사람은 많지만 불행하게도 사랑을 가진 사람은 그다지 많지 않다. 사도 바울의 눈에는 신기한 언어와 놀라운 비밀과 오묘한 지식은 모두 어린아이의 일로 밖에는 보이지 않는다. 장성한 사람이 되기 위해서는 사랑을 가져야 한다.

하나님과의 관계가 은사중심으로 이루어지면 어린이와 같이 아직도 미숙하다. 그러나 하나님과의 관계가 사랑중심으로 이루어지면 장성한 사람과 같이 드디어 성숙하다. 아, 우리의 교회는 언제나 어린아이의 일을 버리고 장성한 사람이 될까. 아, 우리는 언제나 어린아이의 일을 버리고 어른이 될까!

14. 지금은 거울로, 그때는 얼굴로

우리가 지금은
거울로 보는 것 같이 희미하나
그 때에는 얼굴과 얼굴을 대하여 볼 것이요
지금은 내가 부분적으로 아나
그 때에는 주께서 나를 아신 것 같이
내가 온전히 알리라
(고전 13:12)

색다른 방향에서 사랑의 온전성이 설명된다. 사도 바울은 이렇게 말한다. "우리가 지금은 거울로 희미하게 보지만 그때에는 얼굴로 얼굴을 본다. 내가 지금은 부분적으로 알지만 그때에는 내가 알려진 것처럼 알 것이다"(고전 13:12). 이 구절을 가만히 들여다보면 마치 여러 가지 색깔을 띈 돌 조각으로 알록달록하게 구성한 모자이크 벽화처럼 보인다. 이 구절에는 두 개의 병행적인 문장이 들어 있다. 두 문장을 지배하는 주어가 서로 다르다. 첫째 문장의 주어는 "우리"이며, 둘째 문장에서 주어는 "나"이다. 사도 바울은 사랑의 온전성에 대한 관심은 "우리"의 문제일 뿐 만 아니라 "나"의 문제임을 뜻하고 있다. 그런데 각각의 문장 속에는 대조적인 내용이 진술된다. 첫째 문장에서는 시간적으로는 "지금"과 "그때", 사물적으로는 "거울"과 "얼굴", 상황적으로는 "희미하게"와 "얼굴로"가 대조된다(12상). 둘째 문장에서는 시간적으로는 "지금"과 "그때", 상황적으로는 "부분적으로"와 "내가 알려진 것처럼"이 대조된다(12하).

사도 바울은 이처럼 모자이크같이 잘 짜인 구절을 통하여 무엇을 말하려는 것일까. 위에서부터 내려오는 문맥에 따르면 은사의 미흡성과 사랑의 온전성을 대조시키려는 것이 분명하다. 우리의 은사는 모두 거울로 보는 것과 같다. 거울은 참으로 신기한 물건이다. 사도 바울은 여기에서 오목거울이나 볼록거울, 불량거울이나 고물거울을 의미하고 있는 것은 결코 아니다. 사도 바울은 평범하고 정상적인 거울을 생각하고 있다. 어떤 사물이든지 거울 앞에 놓으면 그 모습이 그대로 반영된다. 이것은 수수께끼같이 비밀스러운 일이다.

여기에서 우리가 알아야 할 사실은 우리가 "희미하게"라고 번역하고 있는 단어가 일차적으로는 "수수께끼 속에"라는 의미를 지니고 있다는 점이다(그리스어!). 거울은 사물의 모습을 그대로 비추는 신기한 물건이다. 그렇지만 속아서는 안 된다. 거울 속에 비치는 사물을 잡기 위하여 손을 뻗으면 오직 차가운 거울 면만이 만져질 뿐이기 때문이다. 몸을 떨게 하는 한기가 느껴진다. 거울에 얼굴을 비추고 거울 속의 얼굴을 만지기 위하여 손을 내밀어 보라. 아무리 별난 재주를 가지고 있는 사람이라도 해내지 못할 것이다. 손가락 끝은 거울의 면에 닿고 더 이상 뚫고 들어가지 못한다.

은사라는 것은 바로 이런 것이다. 예언이건 지식이건 방언이건 그 어떤 은사도 처음에는 상당히 분명한 것을 제공할 것 같이 보이지만 결국은 한계에 부딪치고 만다. 그러므로 사도 바울은 이것을 염두에 두고 "부분적으로"라는 단어를 첨가하였다. 은사는 언제나 부분적인 것이다. 은사는 제한적인 것이다. 그러므로 은사를 불변적이며 영원하고 절대적인 것인 양 생각하여 은사에 목숨을 거는 것은 부질없는 짓이다.

그러나 이에 비하여 사랑은 얼굴로 보는 것과 같다. 사랑하는 사람끼리 얼굴을 마주하고 가까이 앉아 보라. 나비가 꽃잎에 날아 앉듯이 부드럽게 다가오는 다정한 눈길, 해면(海綿)에 물이 흡수되듯이 귓속으로 가볍게 스며드는 고운 음성… 사랑하는 사람들이 서로 얼굴을 마주하고 앉으면 피부의 가장 외곽에 있는 겉 세포에서부터 뽑아 온 향기를 뿜어내는 숨결이 느껴지고, 실핏줄까지 힘 있게 신선한 산소를 공급하는 심장이 고동치는 것이 느껴진다. 사랑하는 사람들이 서로 이마를 맞대었을 때 전달되는 그 따스한 체온을 아는가.

"얼굴로 얼굴을" 보는 것은 그렇게 감동적이며 그렇게 환희가 크다. 얼굴로 얼굴을 보는 데는 감격과 기쁨이 있다. 마치 돌아온 탕자의 얼굴을 보고 달려가 목을 안고 입을 맞춘 아버지의 감격과 기쁨 같은(눅 15:20). 몸을 떨게 하는 열기가 느껴진다. 그렇다. 사랑은 얼굴로 얼굴을 마주 보는 것과 같은 것이다. 거울을 통하여 사물을 보는 차가움과는 달리 얼굴로 대면하는 데는 뜨거움이 있다.

그런데 이러한 대면은 온전한 것이 될 것이다. "주님께서 나를 아신 것 같이"(직역: "내가 알려진 것같이"). 사도 바울은 여기에서 "내가 알려진 것 같이"라고 표현했는데, 이것은 주님께서 사도 바울을 얼마나 정확하고 심도 있게 아시는지를 설명해준다. 그러므로 우리가 주님을 아는 것보다 주님께서 우리를 아는 것이 중요하다. 아무리 우리가 주님을 잘 안다고 말하더라도 주님께서 우리를 알지 못하시면 무슨 의미가 있는가(마 7:21-23). 그러므로 사도 바울은 다른 편지에서 우리가 하나님을 아는 것보다 하나님이 우리를 아는 것이 더 중요한 신앙의 근거가 된다는 것을 갈파하였다. "이제는 너희가 하나님을 알 뿐 아니라 더욱이 하나님이 아신 바 되었다"(갈 4:9).

주님은 우리를 아신다. 주님은 사람의 심장을 살피며 폐부를 통찰하신다(렘 17:10). 주님의 눈앞에서는 자신의 심장을 감출 수 있는 사람이 없고, 자신의 폐부를 숨

길 수 있는 인생이 없다. 모든 사람은 하나님의 눈앞에서 벌거벗은 것처럼 자신을 드러내게 된다. 그만큼 하나님의 눈은 예리하며 날카롭다. 욥이 고백한 대로 "그는 나를 향하여 그의 눈을 뾰족하게 하신다"(개역: 그는 뾰족한 눈으로 나를 보신다)(욥 16:9). 주님은 우리에 대하여 어느 한 부분이라도 알지 못하시는 부분이 없다. 다시 말하자면 우리에 대한 주님의 지식은 완벽한 것이다. 사랑이란 것은 마치 주님께서 우리를 아시는 것처럼 완벽한 것이다.

여기에서 사도 바울은 사랑의 온전성이 미래에 이루어질 것임을 알려준다. 그러므로 사도 바울은 두 번씩이나 "그 때에는"이라는 말을 반복하고 있다. 사랑에 비할 때 은사가 온전하지 않듯이, 미래적인 사랑에 비할 때 현재적인 사랑도 온전하지 않다. 현재의 사랑은 쉽게 지치고 피곤해진다. 현재의 사랑은 쉽게 미움과 증오에 의하여 공격당하며 패배한다. 그러나 미래의 사랑은 언제나 온전하다.

사도 바울의 눈은 현재를 넘어 미래를 보고 있다. 사도 바울은 "그 때"에 대한 의식을 가지고 있다. 사도 바울에게는 종말론적인 시각이 있다. 그러므로 그는 현재의 시간에서 살고 있지만 현재를 사는 사람이 아니라 미래를 사는 사람이다. 희미한 것을 버리고 광명한 것을 얻게 될 그 날을, 부분적인 것을 떠나서 온전한 것을 얻게 될 그 날을 사도 바울은 기다리고 있다. 이 때문에 사도 바울은 지금은 거울로 보는 것 같은 삶 속에서도 그 때는 얼굴로 보는 것 같은 삶을 미리 맛보며 살았던 것이다. 땅에서 하늘을 누리면서, 현재에서 미래를 누리면서.

이 글을 쓰고 있는 나 자신도 그 날을 기다리고 있다. 지금은 사도 바울의 말씀에 대하여 이해하고 있는 것이 얼마나 희미한지 안타까워하면서. 그러나 그 날, 사도 바울이 의도했던 것을 밝히 알게 될 그 날을 기다리는 심정으로 이 글을 쓴다. 거울로 보는 것 같은 "지금"을 벗고, 얼굴로 보는 것 같은 "그 날"에 참여할 것을 기다리며. 그 날을 기다리며!

15. 사랑의 크기

그런즉
믿음, 소망, 사랑
이 세 가지는
항상 있을 것인데
그 중의 제일은
사랑이라
(고전 13:13)

사도 바울의 사상세계는 얼마나 깊고 넓은지… 그의 사상
을 따라잡기가 좀처럼 쉽지 않다. 사도 바울은 하나님의
세계를 들여다보고 있다. 하나님의 세계를 들여다보는 사
도 바울의 사상 가운데 하나가 일단락을 짓고 있다. 드디
어 사도 바울은 사랑에 관한 이야기를 종결한다. "이제 믿
음, 소망, 사랑은 머문다. 그러나 그것들 가운데 더 큰 것
은 사랑이다"(고전 13:13). 사도 바울은 모든 그리스도
인이 추구해야 할 믿음과 소망과 사랑이라는 "세모꼴"
(Trias)에 대하여 말한다. 이것은 사도 바울이 자주 언급
하는 틀이다. 믿음은 활동적인 것이며, 소망은 인내와 관
련되며, 사랑에는 수고가 있어야 한다(살전 1:3). 믿음은

예수 그리스도를 대상으로 삼으며, 소망은 하늘나라의 기업을 바라보며, 사랑은 성도들과 관계한다(골 1:4). 믿음, 소망, 사랑은 모든 그리스도인이 지녀야 할 가장 중요한 덕목이다.

소망은 인간의 삶을 힘 있게 이끌어가는 원동력이다. 인간은 소망한다. 인간은 대단히 막연한 것에서부터 대단히 구체적인 것까지를 소망한다. 지극히 개인적인 것으로부터 지극히 사회적인 것까지를 소망한다. 아주 가까운 미래의 것에서부터 아주 먼 미래의 것까지를 소망한다. 그래서 인생의 모든 순간은 크고 작은 소망의 연속으로 이루어진다고 말해도 지나친 말이 아니다. 이런 까닭에 소망하는 인간은 살아있는 것이며, 소망하지 않는 인간은 살아있지 않은 것이라고 말할 수 있다. 인간은 소망을 잃으면 목숨을 잃는다.

그런데 인간의 소망은 일반적으로 볼 때 두 가지를 의미한다. 첫째로 소망은 비현실을 의미한다. "보이는 소망이 소망이 아니니 보는 것을 누가 바라리요"(롬 8:24). 이것은 소망을 그것이 실현될 시간성의 문제에서 이해하는 것이다. 인간의 소망은 비현실이다. 왜냐하면 우리가 소망하는 것은 가깝건 멀건 간에 미래에야 비로소 실현되기 때문이다. 우리가 소망하는 것은 아직 현실화되지 않는다. 소망하는 것은 이루어져야 한다. 우리의 소망은 실현되기 전까지는 언제나 미래의 일로 남아있는 것이다. 이러한 의미에서 소망은 미래에 일어날 일과 관련이 있다고 말할 수 있다. 이 때문에 소망에는 어떤 열망의 요소가 있는 것이다.

둘째로 소망은 불확실을 의미한다. 이것은 소망을 그것이 실현될 가능성의 문제에서 이해하는 것이다. 인간의 소망은 불확실하다. 왜냐하면 우리가 소망하는 것이 반드시 성취되는 것은 아니기 때문이다. 우리의 소망은 미래에 이루어지지 않을 수도 있다. 소망하는 것은 실현될 수도 있고 실현되지 않을 수도 있다. 소망하는 것은 미래의 완성에서 벗어날 수도 있다. 이러한 의미에서 소망은 미래에 일어날 일과 관련하지 않는다고 말할 수 있다. 이 때문에 소망에는 어떤 불안의 요소가 있다.

그러면 도대체 어떻게 소망과 현실 사이에 일어나는 갈등을 해결할 수 있을까? 이 갈등을 해결하는 것이 믿음이다. 소망과 현실 사이의 긴장을 파괴하는 것이 믿음이다. 소망과 현실 사이의 긴장은 믿음에 의하여 파괴된다. 믿음이 소망과 현실을 연결시킨다. 믿음에 의하여 소망하는 것은 현실화된다. 믿음은 소망을 현실화시키는 도구이다. 믿음 없는 소망은 아무런 의미가 없다. 그래서 "믿음은 바라는 것들의 실상이다"(히 11:1).

신앙은 소망과 긴밀한 관계를 가진다. 논리적인 순서로 말하자면 소망이 신앙보다 앞선다. 소망하는 것이 없으면 신앙하는 것도 없다. 바라는 것이 없으면 믿을 것도 없다. 소망이 있기에 신앙이 필요하다. 예를 들면 아브라함은 장래 기업으로 받을 땅에 부르심을 받았다. 이것은 아브라함의 소망이다. 그런데 아브라함은 어디로 가야할지 깨닫지 못하고 나갔다. 이것은 아브라함의 신앙이다. 소망하는 아브라함이 신앙하는 아브라함이 된다. 소망이 없는 믿음은 헛되다. 바램은 믿음을 만들어 낸다.

그러면 믿음은 도대체 무엇인가? 믿음은 하나님의 은혜를 통찰하게 하는 수단이며, 영적인 세계를 뚫어보게 하는 도구이다. 믿음은 세상에서 눈을 떼고 하나님을 보게 한다. 믿음에 대하여, 또는 믿음의 인물에 대하여 가장 강도 있게 설명하는 히브리서 11장에서 거의 매 단락에 하나님이 언급되는 것을 주의하라. 믿음은 하나님의 창조를 알게 한다. 믿음은 하나님께서 받으실만한 제사가 무엇인지를 알게 한다. 믿음은 하나님을 기쁘게 하는 일이 무엇인지를 알게 한다. 믿음은 하나님이 악을 싫어하신다는 것을 알게 한다. 믿음은 하나님께서 순종을 원하신다는 것을 알게 한다. 믿음은 하나님을 알게 한다. 믿음은 하나님을 가까이 하게 한다. 하나님을 생각하게 한다. 그리고 더 나아가서 믿음은 난경의 현실에서도 부요의 영계를 보게 한다.

믿음은 비가시적인 것과 관련하며 소망은 비현실적인 것과 관련한다. 그런데 사랑은 비가시적인 것을 믿는 믿음과 비현실적인 것을 바라는 소망을 현재의 시간에서 맛보게 한다. 이렇게 하여 믿음과 소망과 사랑은 하나로 엮어진다. 사실상 이 세 가지는 서로 배제하거나 결핍할 수 없는 한 덩어리의 세 면이다. 마치 한 변만 없어도 이루어질 수 없는 삼각형처럼, 한 점만 없어도 성립될 수 없는 세모꼴처럼. 믿음이 없는 소망이나, 소망이 없는 사랑이나, 사랑이 없는 믿음을 생각해 볼 수가 없다. 이것은 불가능한 일이다. 혹 이런 일이 가능하다면 그것은 모두 훼손된 믿음이며 망가진 소망이며 부서진 사랑이다.

믿음과 소망과 사랑 이 세 가지는 서로 협력한다. 믿음은 소망과 사랑을, 소망은 사랑과 믿음을, 사랑은 소망과 믿음을 돕는다. 바로 이런 의미에서 사도 바울은 이 세 가지를 위하여 단수 동사를 사용한다(그리스어!). 이 세 가지는 떨어진 부스러기이기에 복수가 아니라 뭉쳐진 덩어리이기에 단수이다. 이 세 가지는 항상 함께 한다. 믿음은 비가시적인 것에 대한 현재적인 승인이며, 소망은 비현실적인 것에 대한 현재적인 기대이며, 사랑은 불가능한 것에 대한 현재적인 실천이다. 그러므로 사도 바울은 이 세 가지를 위하여 현재 동사를 사용한다(그리스어!). 여기에 믿음, 소망, 사랑이 영원까지 도달하는 현재성이 결정된다. 믿음, 소망, 사랑은 결코 파괴될 수 없는 안전한 삼각형이다.

하지만 사도 바울은 이 삼각형을 세 변이 모두 똑같은 크기를 가진 삼각형으로 생각하지 않는다. 오히려 사도 바울은 이 세모꼴을 한 변이 다른 두 변보다 큰 세모꼴로 생각한다. 사랑의 변이 믿음의 변과 소망의 변보다 크다. "이것들 가운데 더 큰 것은 사랑이다." 사랑에는 크기가 있다. 그리고 사랑의 크기는 믿음과 소망의 크기보다 크다. 사랑이 믿음과 소망보다 큰 까닭은 비가시적인 것을 믿는 믿음과 비현실적인 것을 바라는 소망을 형상화시키기 때문이다. 그러므로 이렇게 말할 수 있다. 사랑은 믿음을 낳고, 사랑은 소망을 기른다.

16. 봄을 기다리며

내가
오순절까지
에베소에 머물려 함은
내게 광대하고 유효한 문이 열렸으나
대적하는 자가 많음이라
(고전 16:8-9)

이제 긴 겨울이 지나간다. 얼마 안 있으면 부활절이 오고
오순절이 올 것이다(고전 16:8). 사도 바울은 에베소에서
긴 겨울을 보내면서 고린도 교회로 말미암아 심신에 큰
고통을 받았다. 고린도 교회를 생각하면 마음이 답답해지
고 육체가 피곤해진다. 사도 바울에게 찾아온 몇 명의 고
린도 성도들이 교회에 무슨 일이 벌어지고 있는지 알려주
었다(고전 1:11). 그렇지 않아도 사도 바울은 소문을 통
해서 고린도 교회에 일어난 여러 가지 불미스러운 일들에
대하여 듣고 있었던 중이었다(고전 5:1). 게다가 고린도
교회는 자신들로서는 도저히 해결할 수 없는 어려운 문제
들을 해결하기 위하여 사도 바울에게 문의하는 편지를 보
냈다(고전 7:1).

사도 바울은 인편과 소문과 편지를 통하여 고린도 교회에 일어난 심각한 상황을 접하면서 세상에 다시는 등장할 수 없는 아름다운 사랑의 글을 썼다. 사도 바울은 이 글에서 사랑이 무엇보다도 가장 큰 은사임을 제시한다. "내가 또한 가장 좋은 길을 너희에게 보이리라"(고전 12:31). 사랑은 방언이나 예언과도 질적으로 다른 은사이며(고전 13:1-2, 8-12), 사랑은 믿음과 소망보다도 큰 은사이다(고전 13:13). 사도 바울은 고린도 교회를 향하여 가장 큰 은사인 사랑을 소개하는 이유는 무엇인가? 그 이유를 두 가지 면에서 생각해 볼 수 있다.

첫째로 사도 바울은 교회를 변화시키기 위하여 사랑의 글을 썼다. 고린도 교회는 본래 어떤 상태에 있었는가? 고린도 교회는 언어와 지식을 비롯하여 모든 일에 풍족하던 교회이다(고전 1:5). 고린도 교회는 언어의 은사와 지식의 은사를 가지고 있었다. 고린도 교회는 예수 그리스도를 증언하는 데 견고한 입장을 취하던 교회이다(고전 1:6). 고린도 교회는 모든 은사에 부족함이 없이 그리스도의 재림을 기다리던 교회이다(고전 1:7). 고린도 교회는 하나님의 아들 예수 그리스도와 교제를 나누던 교회이다(고전 1:9).

그런데 바로 지금은 어떠한가? 지금은 상황이 크게 바뀌었다. 지금 고린도 교회는 분당을 지어 갈기갈기 찢어진 교회이다(고전 3장). 지금 고린도 교회는 음행으로 얼룩덜룩 더럽혀진 교회이다(고전 5장). 지금 고린도 교회는 영적인 은사들과 관련하여 이래저래 혼돈에 빠진 교회이다(고전 12장). 지금 고린도 교회는 그리스도의 부활을 슬금슬금 불신하는 교회이다(고전 15장). 이제 고린도 교회는 육신에 속한 교회가 되었고, 어린아이와 같은 교회가 되었다(고전 3:1). 이제 고린도 교회는 밥은커녕 간신히 젖이나 먹을 연약한 교회이며, 사람을 따라 행하고 하나님의 은혜를 잊어버린 교회이다(고전 3:3).

　말하자면 고린도 교회는 하나님에 대한 사랑도 내버리며 사람에 대한 사랑도 저버리고, 지식이 있다고 교만하며 지혜가 있다고 자고하는 교회이다. 바로 이러한 하락한 교회를 향하여 사도 바울은 세상이 둘도 없을 사랑의 글을 자세히 적어 보내고 있는 것이다. 이 사랑의 글을 읽고 교회가 자신과 싸우도록 만들기 위함이다. 교회가 자신과 싸우도록! 은사를 자랑하기 전에, 지식을 내세우기 전에, 선행을 찬양하기 전에 교회는 사랑을 배워야 한다. 사랑 앞에서는 모든 은사도 내려앉고, 모든 지식도 굴복하고, 모든 선행도 물러나야 한다. 사랑은 연약한 교회를 강력한 교회로 변화시키는 능력이다. 고린도 교회는 사도 바울에게서 다시 사랑을 배워 교회를 변화시켜야 한다. 사도 바울은 교회를 변화시키기 위하여 사랑의 글을 쓴다.

둘째로 사도 바울이 사랑의 글을 쓴 것은 세상을 변화시키기 위함이다. 사도 바울이 사랑이 가장 큰 은사라고 말하는 것은 세상을 변화시키려는 목적 때문이다. 고린도 교회가 자리 잡고 있는 세상은 항상 어떤 상태에 있는가. 세상은 하나님을 알지 못하여 스스로 지혜롭다고 생각한다(고전 1장). 세상은 영적인 일을 알지 못한다(2장). 세상은 온갖 더러운 음행으로 가득 차 있다(고전 5장). 세상은 사기와 욕설과 방탕에 사로잡혀 있다(고전 5장). 세상은 우상을 숭배하는 일에서 떠나지 못한다(고전 8-11장). 세상에서는 남녀의 평등을 쉽게 찾아 볼 수가 없다(고전 11장). 그런데 놀랍게도 고린도 교회는 세상적인 삶의 방식에 의하여 공격을 당하고 있다. 고린도 교회는 하나님의 십자가의 어리석은 도를 멀리하고 세상의 지혜로운 철학을 추구한다. 고린도 교회는 영적인 일에 점차 둔감해지고 있다. 고린도 교회 안에는 음행이 깊이 파고들었다. 고린도 교회는 성도가 세상을 판단할 것임을 잊어버리고 오히려 교회의 문제를 세상법정으로 가져가고 있다(고전 6장). 세상의 우상제물을 먹는 문제로 형제들을 힐난하고 실족케 한다. 고린도 교회는 주 안에서는 남자 없이 여자만 있지 않고 여자 없이 남자만 있지 않다는 사실을 깨닫지 못하고 있다.

다시 말하자면 교회가 세상을 이끄는 것이 아니라, 세상이 교회를 이끌어 가고 있다. 교회가 세상에게 영향을 주지 못하고, 세상이 교회에게 영향을 주고 있다. 바로 이러한 교회를 향하여 사도는 사랑의 글을 자세히 적어 보내고 있는 것이다. 이 사랑의 글을 읽고 교회가 세상과 싸우도록 만들기 위함이다. 교회가 세상과 싸우도록! 이 세상은 자랑과 교만의 덩어리이다. 이 세상은 무례함과 탐욕으로 가득 차 있다. 이 세상은 분노와 복수를 일삼는다. 교회여, 이 같은 세상에게 "불의를 기뻐하지 아니하며, 진리와 함께 기뻐하는"(고전 13:6) 사랑으로 불의와 진리를 구별해 주라. 사랑으로 불의를 부수고, 진리를 세우라. 교회는 사랑을 가지고 이 세상에서 불의에 거슬려 싸우고, 진리를 위하여 싸우라. 사랑은 불의한 세상을 진리의 세상으로 변화시키는 능력이다. 고린도 교회는 사도 바울에게서 다시 사랑을 배워 세상을 변화시켜야 한다. 사도 바울은 세상을 변화시키기 위하여 사랑의 글을 쓴다.

사도 바울이 쓴 사랑의 글은 땅을 정리하는 하늘의 소리이며, 인간을 교정하는 하나님의 말씀이다. 사도 바울의 인격과 능력을 완벽하게 사용하여 하늘로부터 땅으로, 하나님으로부터 사람에게로 온 말씀이다. 사도 바울은 이 글에서 사랑은 교회를 변화시키고 세상을 변화시키는 가장 큰 은사임을 지적한다.

사랑은 은사이기에 세상이 생산할 수도 없고 사람이 창작할 수도 없다. 사랑은 오직 하나님께서 주시는 선물이다. 사랑은 성령의 열매에서 얻는 아름다운 맛이다(갈

5:22). 그러므로 사랑은 세상적인 것도 아니며 인간적인 것도 아니다. 사랑은 영적인 것이다. 사도 바울은 얼음장 같이 차갑게 얼어붙은 고린도 교회를 향하여 화롯불처럼 뜨겁게 타오르는 하나님의 사랑을 불어넣고 있다. 겨울은 지나가고 봄이 온다. 이제 사도 바울은 봄을 기다리며 사랑의 글을 마친다. 봄을 기다리며!